리씽킹 서울

도시, 과거에서
미래를 보다

초판 1쇄 발행 2013년 12월 10일
초판 2쇄 발행 2013년 12월 25일

지은이 김경민 박재민
펴낸이 이영선
펴낸곳 서해문집

이 사 강영선
주 간 김선정
편집장 김문정
편 집 허 승 임경훈 김종훈 김경란 정지원
디자인 오성희 당승근 안희정
마케팅 김일신 이호석 이주리
관 리 박정래 손미경

출판등록 1989년 3월 16일 (제406-2005-000047호)
주 소 경기도 파주시 문발동 파주출판도시 498-7
전 화 (031)955-7470 | 팩스 (031)955-7469
홈페이지 www.booksea.co.kr | 이메일 shmj21@hanmail.net

ISBN 978-89-7483-626-9 03540

이 도서의 국립중앙도서관 출판시도서목록(CIP)은 e0-CIP 홈페이지
(http://www.nl.go.kr/cip.php)에서 이용하실 수 있습니다.(CIP제어번호:2013024272)

리씽킹 서울

도시, 과거에서 미래를 보다

0 2.5 5 10 Km

김경민 박재민 지음

익선동   창신동   창신동   서울에 남아 있는
한옥집단지구 쪽방촌   봉제공장   오래된
                              가능성의 공간을
                              탐색하다

서해문집

프롤로그: 서울의 잊힌 가능성의 장소들

용산국제업무지구 개발을 접하면서 '과연 저런 개발이 성공할 수 있을까?'라는 의구심으로 2011년《도시개발, 길을 잃다》라는 책을 집필하였다. 부동산, 도시개발이 주 연구 대상이자 학교에서도 가르치는 분야이기에, 거대 도시개발이 파국으로 이어질 위험을 약간이나마 인지하였다. 그럼에도 성공을 바라지 실패를 원하지는 않았다. 하지만 용산 개발에서 보여준 문제점이 워낙 심각했기에 이를 비판적으로 접근했다. 이후 책에서 바라본 대로 용산 개발은 파국으로 치달았고, 수많은 서민들이 곤경에 처하게 되었다.

도시에 거대한 메가스트럭처(Mega-structure, 초대형 건물 또는 건물군)를 건설하는 목적은 최종적으로 도시의 가치를 높이기 위한 것이다. 용산국제업무지구 개발의 슬로건 역시 서울을 국제적인 도시로 한 단계 업그레이드하자는 것이었다. 하지만 도시의 가치를 높이는 것이 최종 목적이라면 그 목적을 달성하는 방법에는 다양한 대안이 있다. 대규모 철거 후 메가스트럭처를 개발하는 방식은 여러 방법 가운데 하나일 뿐이다. 특히 서울과 같이 다양한 가능성의 공간이 산재한 곳이라면, 도시의 가치를 높이는 방법은 초대형 개발 말고도 여러 대안이 존재한다.

동의를 하건 안 하건, 전 세계 도시 중에 서울과 같이 다양하고 거대한 문화·역사·자연자원이 있는 곳은 흔치 않다. 세계 어디를 봐도 낙원상가처럼 악기 가게들이 밀집한 곳은 찾기 힘들다. 동숭동처럼 연극하는 사람과 장소가 집적된 곳도 없다. 홍대는 또 어떠한가. 경복궁처럼 대도시 안에 있는 고궁을 일반인들이 제 집 드나들듯 샅샅이 돌아다닐 수 있는 경우 역시 흔치 않다. 도시 정중앙에 남산과 같은 높은 산이 있고, 도시가 산으로 둘러싸여 있고, 도시 내에 국립공원이 존재한다. 단기간에 선진국으로 진입하게 한 원동력이 되었던 도시 내 산업단지 구로공단은 한때 전체 수출의 10%를 담당하였다.

역사가 일천한 도시국가 싱가포르와 엄청난 성장세를 구가하는 중국의 도시를 벤치마킹하면서, 우리가 인식하지 못했던 사이 우리는 이들과 경쟁하려면 새롭고 거대한 무언가를 건설해야 한다는 집착에 빠진 듯하다.

하지만 외국인들의 눈에 비친 서울이라는 도시의 가치를 보여주는 공간은 타워팰리스와 63빌딩이 아니다. 초대형 개발과는 전혀 상관없는 남산, 인사동, 북촌, 경복궁, 명동, 동대문이 외국인이 선호하는 방문지란다. 그들은 남산과 같은 도시 내 자연자원과, 명동이나 동대문 같은 서울에만 있는 독특한 현대적인 문화자원을 좋아한다. 북촌과 인사동은 외국인의 눈에는 오래된 전통으로 비친다.

그렇다면 우리가 앞으로 고민해야 할 부분은 어디인가? 중간에 빠져 있는 근현대 자원이다. 하지만 화려한 개발 사업에만 치중한 나머지, 중요한 근현대 자원인 구로공단의 기억은 사라졌고, 공덕동 로터리의 한옥촌은 파괴되었으며, 익선동과 같은 한옥촌과 가리봉동, 창신동 등 보존가치가 있는 지역은 재개발에 허덕이고 있다. 많은 가능성의 공간들이 이미 사라졌고, 사라질 위기에 처해 있다.

우리에게 도시의 가치를 한 단계 올릴 가능성의 공간들이 있다면, 그 가능성의 공간들을 철거하는 대신 공간을 리모델링하여 재활용하는 것이 또 다른 대안이다. 건물의 물리적 원형과 더불어 지역 커뮤니티를 보전하면서 건물 내부에 새로운 기능들을 집어넣어 도시의 경쟁력을 강화하는 것이다. 즉 보존과 개발의 균형을 통해서 도시를 업그레이드하는 것인데, 이는 이미 미국과 유럽 심지어는 중국의 도시에서도 나타나고 있는 전략이다.

기존 커뮤니티를 완전히 밀어버리고 거대한 건물을 건설하는 '대규모 철거 후 개발'의 폐해를 우리는 뼈아프게 경험하고 있다. 어쩌면 현재의 우리는 패러다임의 전환기에 있는지 모른다. 이 패러다임의 전환은 보존과 개발의 균형을 어떻게 맞출지, 더 자세히는 어느 선까지 보존하면서 어떠한 개발 기능을 집어넣어야 할지에 대한 구체적인 전략을 요구한다. '대규모 철거 후 개발'에 문제점이 있듯이, 100% 보존 역시 박제화된 도시를 만들 수 있다. 창조적인 기능들이 들어서기 위해 건물 역사성과 전체적 느낌을 훼손하지 않는 범위에서 부분적인 창조적 파괴를 두려워해서는 안 된다.

이 책은 서울에 있는 잊힌 가능성의 장소들에 대한 이야기이자 보존과 개발의 균형 전략에 대한 이야기다.

2013년 가을
김경민

Contents

004 — 프롤로그
서울의 잊힌 가능성의 장소들

008 — 제1장
서론 – **왜 디벨로퍼인가?**

036 — 제2장
종로 익선동 한옥집단지구

092 — 제3장
구로공단 가리봉동 쪽방촌

142 — 제4장
동대문 창신동 봉제공장

192 — 제5장
보론 – **신텐디에서 티엔즈팡까지**

216 — 에필로그
개발과 보존의 균형 그리고 전략

242 — 감사의 글
244 — 주
258 — 참고문헌

제1장 서론 - **왜 디벨로퍼인가?**

2005년 서울 서부이촌동에서 완공된 동원아파트 103가구 주민들은 불과 2년이 지난 2007년 8월 17일 청천벽력 같은 소식을 접하게 된다. 서울시가 지은 지 2년밖에 안 된 새 아파트를 허물어 용산국제업무지구로 개발하겠다고 발표한 것이다. 그 과정에서 서울시는 주민들에게 어떤 동의도 구하지 않았다. 개발지역으로 지정되면 그 다음날부터 집을 사는 사람은 개발 혜택을 받을 수 없기에, 개발에 대한 기대로 집값은 오르나 거래는 전면 단절되는 이상한 상황이 벌어진다. 문제는 동원아파트에만 그치지 않았다. 동원아파트를 포함한 서부이촌동 2,200여 가구의 이해관계자가 개발사업의 한 축으로 등장하면서 용산개발사업은 표류하기 시작했다.

일반적으로 부동산 개발사업에서 가장 어려운 작업은 개발 대상 토지를 확보하는 일이다. 이해관계를 조정해야 하는 토지 소유주가 많으면 많을수록 사업이 더딘 것도 바로 이런 이유 때문이다. 실제로 용산개발이 그토록 닮고 싶어 했던 일본 도쿄의 록본기힐 개발은 400여 가구의 토지 매수와 동의를 얻는 데만 무려 14년의 세월이 걸렸다.[1]

2,200여 세대의 갑삭스런 편입과 디불어 용산개발을 파산에 이르게 한

결정적 요인은 디벨로퍼Developer의 부재였다. 디벨로퍼는 부동산개발을 총체적으로 관리·감독·개발하는 주체를 말한다. 언론에서 드림허브와 용산역세권개발(주)라는 회사 이름을 들어본 사람이라면 사업의 주체는 있는데 디벨로퍼가 부재했다는 말을 믿기 어려울 것이다. 회사가 사업의 주체로 존재했던 것은 맞으나, 이들이 실제 디벨로퍼로서의 역할을 하지 않았다는, 아니 하지 못했다는 의미다.

　디벨로퍼가 하는 일을 간단히 설명하면, 토지를 싸게 사고 건설회사를 잘 감시해서 일정 수준의 건물을 적정한 가격에 제대로 짓는 것이다. 즉 비용 측면에서 토지비용과 건설비용을 가급적 낮추려 한다. 그리고 디벨로퍼는 건물을 완공한 후 비싼 가격에 팔기도 하며, 건물을 보유한 채 임대수익을 얻기도 한다. 건물을 보유하는 경우에는 건물 환경을 깨끗하게 유지하여 임대료를 많이 내는 업체를 최대한 끌어오려고 노력한다. 하지만 한국에서는 이러한 역할을 하는 디벨로퍼를 찾는 것이 매우 힘들다. 특히 용산과 같은 대규모 개발 PF(Project Financing, 개발 프로젝트의 수익성을 담보로 금융을 일으켜 부동산 개발을 진행하는 금융기법) 사업에는 PFV(Project Financing Vehicle, 프로젝트 파이낸싱 회사)라는 개발 주체가 있는데, 이들은 도저히 디벨로퍼로 볼 수 없다. PFV에는 최소 3개에서, 많게는 용산의 경우처럼 무려 30개의 출자사들이 참여한다. 쉽게 생각하면 다양한 업종의 많은 회사들이 참여해 대단한 시너지를 낼 것으로 착각하기 쉽다. 하지만 실제로는 각자 회사가 자기의 이익 극대화에만 전념하기에 PFV라는 개발 주체의 이익에 해를 가하는 행위를 주저하지 않는다.

　PFV에서는 대개 건설회사들이 주도적인 역할을 하는데, 달리 표현하자면 건설회사가 디벨로퍼 역할을 하는 셈이다. 하지만 건설회사가 디벨로퍼 역할을 하는 경우 상당한 이익 충돌이 발생한다. 앞서 설명한 바와 같이 디벨로퍼의 입장에서는 건설비용을 줄여야 이익이 늘어나지만, 건설회사의 입장에서 건설비용은 회사 매출이 되기에 반드시 늘려야 한다. 이런 상충된 이해관계에서 건설회사는 당연히 눈앞에 보이는 이익인 공사비를 늘려 수익을 보전하는 선택을 한다. 따라서 PF 사업이 잘 돌아가지 않는 경우, 우리는 뉴스로 '용적률 올려주세요'라는 외침을 들을 뿐이지, 새로운 개발 전략을 짜서 PF 사업을 재검토한다는 뉴스는 들을 수 없었다.

경영은 속도가 생명이다. 특히 부동산 개발은 더욱 그러하다. 부동산은 경기 변동에 매우 민감하기 때문이다. 분석은 철저히 하되, 결정이 되면 빨리 움직여야 한다. 하지만 무려 30여 개 회사가 뭉친 공룡 조직 용산역세권개발(주)은 빠른 결정을 내릴 수 없었고, 우리는 각 과정마다 출자사들끼리 싸우는 모습만 보았을 뿐이다. 전문 디벨로퍼가 없는 도시개발의 결과는 우리가 목도한 그대로 파산이었다.

1

왜 디벨로퍼인가?

자본주의 사회의 디벨로퍼는 본인 소유 건물의 가치를 무한대로 올리고 싶은 이기적 욕구를 가진다. 이는 매우 당연한 일이다. 하지만 그들의 이기적 욕구를 충족시키기 위해서는 비단 자신의 건물뿐 아니라 건물 주변 지역까지도 살펴야 한다. 본인이 개발한 건물 주변이 매우 더럽고 환경이 열악하다면, 디벨로퍼는 본인 땅이 아님에도 건물 가치 상승을 위해 어떠한 방법을 동원해서라도 지저분한 건물 주변 지역을 개선해야 한다. 그래야 차후 디벨로퍼에게 투자할 금융 투자자들에게 "새로운 콘셉트의 도시개발을 통해 저소득층 위험지역을 이렇게 탈바꿈해 성공시켰다. 나에게 투자하시오."라고 당당히 말할 수 있기 때문이다. 그리고 이런 디벨로퍼의 성공은 결국 금융 투자자와 지역 공무원의 인식을 획기적으로 바꿔놓을 수 있다. '어, 지저분한 동네에 이런 건물이 들어와서 이렇게 변화하는구나.' 또는 '도살장 옆 패션 가게도 성공할 수 있군.' 이런 생각을 가질 것이다.

이는 무모한 상상이 아니다. 상하이 신텐디(新天地)를 개발한 디벨로퍼 수이온 그룹은 개발 초기 거의 모든 금융기관으로부터 투자를 거절당했다. 저소득층 밀집지역에 중산층 이상 계층을 위한 오피스, 쇼핑, 고급 주상복합아파트를 짓는다는 것은 당시로서는 말도 안 되는 개발계획이었고, 이런 선례를 중국에서 찾아볼 수 없었다. 더군다나 상하이의 독특한 주택 양식인 스쿠먼 양식(石庫門, 19세기 상하이의 전통 가옥 양식)의 건물을 보존하여, 그 내부에 고급 쇼핑이 가능한 창조적 소매점(Creative Retailer)을 입점시키는 계획은 생소할 뿐만 아니라 너무도 위험한 투자였다. 모든 금융기관으로부터 투자를 거절당한 수이온 그룹은 자체 자본금을 투자하였고, 신텐디 개발을 보기 좋게 성공시켰다. 그리고 '신텐디 스타일'이라는 새로운 신조어가 중국 도시개발 업계를 휩쓸었다.

100년 된 도살장 밀집지역에 패션매장들이 위치한 뉴욕의 미트패킹Meatpacking 지구는 어떠한가? 초기 월스트리트 투자자와 디벨로퍼들은 이 지역에 패션매장이 들어오는 것을 보고 비웃었다. 하지만 패션매장과 도살장이라는 말도 안 되는 조합이 이 지역에 독특하고 새로운 분위기를 만들어내는 것을 본 시정부는 도살장 지역을 역사 지구로 설정하였고, 금융계는 새로운 개발 형태에 환호하면서 투자를 시작하였다.

디벨로퍼는 자신의 건물의 가치뿐 아니라 주변 지역의 가치를 끌어올리며, 이는 불가분하게 도시재생, 커뮤니티 활성화와 연계가 된다. 따라서 디벨로퍼는 공공기관(시정부 산하의 재개발청, 또는 공공 디벨로퍼)과 함께 도시계획과 도시개발을 이끌어내는 주체다.[2] 하지만 이런 디벨로퍼의 역할을 한국처럼 건설회사들이 담당하는 순간, 도시는 엄청난 위험에 직면한다. 건설회사는 건설 물량을 늘리는 것이 본인들의 이익과 직결되기에, 기본적으로 도시를 보존하기보다는 옛 건물을 부수고 거대하면서 새로운 건물을 건설하고자 하는 조직이다. 따라서 이들은 디벨로퍼의 긍정적 가치를 구현할 수 없다. 건설회사에게 도시재생과 커뮤니티 보존은 명목상으로는 동의할 수 있을지 모르지만, 사업상 도저히 실현하기 힘든 것이다.

커뮤니티 재생에 힘쓴 디벨로퍼

'쇼핑몰shopping mall'이라는 단어를 처음 만든 사람이 누구인지 아는가? 이 단어는 미국의 전설적 디벨로퍼인 제임스 라우즈James Rouse가 만든 말이다. 그는 미국 도시 외곽 지역에 거대한 쇼핑센터를 건설하면서 '쇼핑몰'이라는 단어를 처음 사용하기 시작하였다.[3]

그렇다면 '도시재생(Urban Renewal)'이라는 단어를 보편화시킨 사람은 과연 누구일까? '도시재생'이라는 말은 기본적으로 커뮤니티를 제대로 보존하면서 개발을 한다는 뉘앙스를 가진다. 개발보다는 보존에 방점이 찍히기에 아마도 자본과는 거리가 먼 순수한 도시계획 학자들에 의해 보편화되었다고 생각할 수 있다. 하지만 이 단어 역시 제임스 라우즈에 의해 널리 알려지기 시작했다. 그는 아이젠하워 대통령 직속 주택정책 자문위원회에 참여하면서 미국 주택법(1954년)의 기본 방향을 제시하였는데, 해당 법에 '도시재생'이라는 용어가 사용되면서 광범위하게 쓰이기 시작하였다.[4] 일반적으로 이익을 쫓기 마련인 디벨로퍼가 커뮤니티의 보존과 개발의 균형에 대해 고민했고, 이를 '도시재생'이라는 개념으로 설명하고 실천한 것이다.

제임스 라우즈는 미국 도시개발 역사의 한 획을 그은 기념비적 인물이다. 1950년대 낙후된 볼티모어시의 재생사업에 뛰어들어 커뮤니티 재건에 앞장섰고, 그가 건설한 매릴랜드주 소재 뉴타운 콜롬비아시는 현재도 가장 살고 싶은 지역으로 꼽힌다(2012년 미국 CNN의 조사에 의하면 콜롬비아시는 살고 싶은 도시 8위로, 매년 상위권에 랭크되어 있다).[5] 또한 쇼핑몰이라는 단어를 만들었다시피 미국 교외지역에 거대한 쇼핑센터를 건설하여 쇼핑몰

붐을 조성하였고, 이를 통해 미국 교외지역의 경관을 바꿔놓은 인물이다. 1970년대에는 철저하게 게토화되어 아무도 관심을 갖지 않았던 도시 다운타운을 재생시키기 위해 '페스티벌 마켓플레이스festival marketplace'라는 개념을 도입했다. '페스티벌 마켓플레이스'란 쇠퇴한 지역상권을 부활시키기 위해, 백화점 등 거대한 쇼핑시설을 입점시키는 것이 아니라 다양한 업종의 지역 상점(local shops)들을 입점시켜 관광산업화시키는 전략이다.[6] 라우즈는 이러한 새로운 도시개발 계획을 통해 보스턴 다운타운의 황량했던 재래시장 퀸시마켓Quincy Market을 극적으로 부활시켰다. 그리고 이 재래시장을 바꿔놓은 그의 계획은 미국 대도시 다운타운 재생전략의 큰 흐름이 되었고, 급기야 '라우즈화Rousification'라는 신조어가 생길 정도로 폭발적인 파급 효과를 가져왔다.[7]

라우즈는 말년에 엔터프라이즈 재단이라는 비영리 기관을 설립하여 소외 계층의 주거복지 향상에 크게 이바지하였고, 이런 노력으로 클린턴 대통령으로부터 시민에게 주어지는 가장 큰 영예훈장인 '대통령 자유메달(The Presidential Medal of Freedom)'을 수상했다. 그는 제도적인 시스템 내에서 저소득층 주거복지를 향상시키기 위해 LIHTC(Low-Income Housing Tax Credit, 저소득층 주택 건설에 참여하는 디벨로퍼에게 인센티브를 주는 정책) 제도를 만드는 데 결정적인 역할을 했다. LIHTC는 민간 디벨로퍼와 월스트리트 자본이 엄청난 수의 저소득층 임대아파트 건설에 참여하게 만든 제도로 평가받는다.[8] 그리고 그의 이런 노력을 이어받은 외손자이자 유명 영화배우인 에드워드 노튼은 사회적 기업을 통해 라우즈가 품었던 이상을 계속 실천 중이다.

물론 모든 디벨로퍼가 사회적 가치를 인식하고 커뮤니티를 고려하는 방식의 개발을 수행하는 것은 아니다. 오히려 이런 디벨로퍼는 싱당히 소수일 것이다. 그럼에도 디벨로퍼를 강조하고자 하는 이유가 있다. 영리만을 추구하는 디벨로퍼가 아닌, 비영리 커뮤니티 개발 디벨로퍼(Community Development Corporation)가 이미 해외에 많이 존재하며, 이들이 저소득층 주택 건설의 한 축을 담당하는 등 사회적 가치를 실현하며 주거복지와 커뮤니티 재생에 큰 역할을 담당하고 있기 때문이다. 그리고 이런 비영리 커뮤니티 개발 디벨로퍼의 작은 개발, 착한 개발, 공정한 개발이 용산국제업무지구, 뉴타운과 같은 거대 개발의 대안이 될 수 있기 때문이다.

프루이트 아이고,
찬란한 시작 그러나 쓰라린 실패

초일류 강대국인 미국의 대도시가 얼마나 처참하게 망가졌는지를 머릿속으로 떠올리기는 쉽지 않다. 특히 미국 문화를 일방적으로 수용했던 우리 입장에서 미국 다운타운의 비참함을 연상하기는 더욱 어려울지 모른다.

1950년대 제임스 라우즈가 도시재생에 참여했던 볼티모어시는 형편없이 황폐화되어 있었고, 주민들의 삶은 처참함 그 자체였다.

볼티모어 도심의 모습은 도심 정글(Urban Jungle)이라 불릴 정도로 참혹하기 그지없었다. 무질서와 불편이 혼재된 공간에서 거주자 대부분은 유색 인종 또는 이민자였다. 시정부의 무관심 속에 이 지역의 위생과 주거 상황은 점점 위험한 지경에 이르렀다. 이러한 환경에 대한 사회복지사의 보고와 뉴스로 인해 시민들의 관심이 커지자 시정부는 슬럼지역에 대한

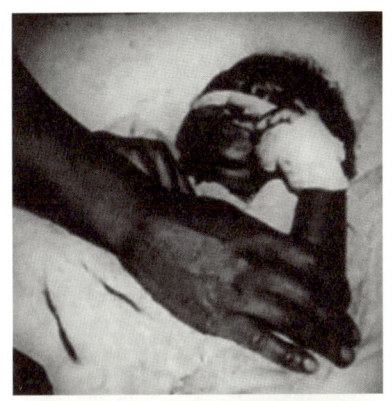

쥐에 물린 아기와 지저분한 화장실 모습(〈The Baltimore Plan〉, 1953, Encyclopedia Britannica Films, Inc. 자료)

대책을 세우기 시작했다.[9]

 이 계획은 기존의 물리적인 개발계획과는 상이했다. 낙후된 위생시설과 환경을 개선할 책임이 주택 소유자에게 있다는 점을 각인시켰고, 이를 위해 장기 저리대출을 통해 그들이 자발적으로 환경 개선에 임하게 하였다. 이는 결과적으로 기존 커뮤니티를 보존하면서 더 나은 주거환경 확보를 가능하게 하였다. 이 실험은 기존의 물리적인 개발계획이 가진 한계와 함께 커뮤니티를 위한 프로그램적 접근이 필요하다는 사실을 일리는 좋은

프루이트 아이고는 커다란 찬사를 받으며 탄생했다(United States Geological Survey 자료)

기회였다.

  1950년대 볼티모어의 커뮤니티 재생 실험이 성공을 거두었음에도, 1970년대까지 미국의 여러 도시개발은 우리의 뉴타운 개발과 별반 다를 바가 없었다. 대규모 철거를 통해 기존의 커뮤니티를 깡그리 밀어버리고 새로운 고층아파트를 짓는 방식의 개발이었다. 또한 민주당과 공화당의 정치적 기조와는 상관없이 정치인 대부분은 대규모 철거 방식의 개발을 찬성하였고, 거대 미디어 회사들마저도 매우 호의적이었다. 그들은 슬럼의 확산을 막기 위해서는 물리적으로 새로운 건물을 건설해야 한다고 믿었다. 양질의 주택과 공원을 갖춘 그린 스페이스 Green Space 형태의 대규모 아파트단지는 물리적 주거환경 수준을 향상시키고, 이는 저소득층의 삶 자체를 바꿀 것이라 확신했다.[10]

      우리는 우리 도시의 중심부를 깨끗하게 하기 위해 새롭게 건설해야

프루이트 아이고의 폭파 장면(U.S. Dept of Housing and Urban Development 자료)

합니다. 각종 병리현상들을 동반한 슬럼지역은 우리 모두의 잘못에서 기인된 것입니다. 이제부터라도 (슬럼지역 같은) 병리현상을 치유하는 것은 우리 모두의 책임입니다.
- 조세프 다스트 세인트루이스 시장(민주당), 1951년

단적인 예가 미국 세인트루이스의 프루이트 아이고Pruitt Igoe 임대아파트 단지다. 이 아파트는 1951년 '최고의 고층 아파트' 상을 수상하는 등 커다란 찬사를 받으며 탄생하였다.

하지만 프루이트 아이고의 결말은 처참했다. 임대아파트 단지 거주 학생들의 중고등학교 중퇴율이 증가했고, 대학 진학률은 낮아졌다. 자연스레 범죄율이 증가했고, 주민 가운데 그나마 소득이 높고 일하려는 의지가 있으며 자녀 교육에 관심이 있는 '양질'의 주민들이 아파트를 떠났다. 결국 프루이트 아이고는 빈집이 40%에 이르는 우범 지대가 되었고, 지은 지 불

과 20년이 지난 1970년대 초반 폭파됐다.[11]

저소득층 주거 향상의 획기적 계기가 될 것이라 여겨졌던 아파트 단지의 폭파 장면은 미국 전역에 생중계되었다. 이는 대규모 철거 후 초고층아파트 건설이라는, 하드웨어 위주 개발의 종언을 알리는 역사적 사건이었다. 사회적·문화적 이슈를 도외시한 채, 단지 건축물을 개선하면 사회적 문제점을 일거에 해결할 수 있다는 개발 방식은 이 사건을 기점으로 종언을 고했다.

모든 디벨로퍼가 지역 커뮤니티 재생에 관심이 있다고 볼 수는 없다. 하지만 제임스 라우즈의 사례처럼 진정한 디벨로퍼란 개발과 보존의 균형을 맞추면서 도시의 가치를 높이는 사람이다. 그리고 이런 개발이 일으키는 파급효과는 본인의 경제적 성공을 넘어 사회에도 긍정적 영향을 미치며, 일반 대중들이 가진 개발에 대한 부정적 인식을 전환하는 계기를 마련할 수 있다.

한국의 많은 PF 사업들은 거대하고 아름다운 조감도로 우리를 현혹시켰다. 하지만 대부분 끝내 이루어지지 않은 신기루가 되어버렸다. 거대한 규모의 도시개발이 중단되거나 원계획과 달리 운영될 때의 부정적 파장은 실로 지대하다.

강남, 분당, 송파로 이어지는 우리나라 최고 부촌 지역의 정중앙에 위치한 지리적 이점과, 건축적으로 깔끔한 외관을 자랑하는 공사비 1조 원 규모의 가든파이브는 어떠한가? '동양 최대 규모의 상가, 아시아 관광의 메카'가 될 것이라는 확신 속에 태어난 가든파이브는 현재 50만m^2(용산역세권 개발 토지면적과 비슷한 넓이) 건물의 절반 정도가 제대로 운영되지 못한 채 비어 있다. 거대한 건물을 5,000여 채 상가로 쪼개어 분양하려 했던 계획은 쇼핑몰의 기본 전략(다양한 상점들을 입점시켜 매출을 극대화하여 이익을 높이는 전략, 그리고 이에 걸맞은 소비자를 현혹시킬 수 있는 건물 내부 동선 및 디자인)을 구현할 수 없었다.

반대로 영등포 집창촌 주변 허름한 건물들 사이에 위치한 타임스퀘어는 수도권 남서부 주민들에게 새로운 문화·쇼핑 명소로 자리 잡았다. 사업의 주체인 (주)경방은 다양한 상점들을 입점시키고 이벤트를 개최하면서 상점들의 이익과 경방의 이익을 일치시키며 매출을 늘려가고 있다. 사업 초기 영등포에 거대한 쇼핑몰이 들어선다는 계획은 타당성을 의심받았지만, 현재 이곳은 쇼핑, 엔터테인먼트, 오피스, 호텔 등 다양한 복합기능들이 한 장소에서 어우러지며 다양한 매력을 뽐내고 있다.

타임스퀘어는 거대한 규모 덕분에 많은 사람들의 인식을 바꾸었을지 모른다. 하지만 디벨로퍼는 작은 차원의 개발을 통해서도 사람들의 마음을 움직일 수 있다. 제임스 라우즈가 볼티모어 도시재생 당시, 거대한 건물을 짓지 않고 동네 커뮤니티 단위의 운동을 통해 도시를 변화시킨 사례에서 이를 확인할 수 있다. 디벨로퍼가 커뮤니티의 자각을 불러일으킨 것이다.

상하이 신텐디 역시 디벨로퍼가 사회적 인식을 바꾼 패러다임 변화의 사례다. 금융권의 투자 거절이라는 악조건 속에서 일궈낸 성공은 새로운 라이프스타일을 창조했다. 또한 역사 보존이 도시에 새로운 가치를 창출할 수 있음을, 그리고 창조산업이 도시에서 어떤 역할을 하는지를 정확히 보여주었다.

상하이 저소득층 밀집지역 티엔즈팡,
보존과 개발의 균형을 보여주다

상하이의 신텐디 사업이 경제적으로 성공한 프로젝트인 것은 사실이나, 대규모 철거를 바탕으로 한 개발이었다는 부정적인 측면을 간과해서는 안 된다.[12] 현재 상하이시는 부정적인 측면을 극복하기 위해 힘쓰고 있다. 오래된 건물과 같은 물리적 자원뿐 아니라 원주민들의 주거방식과 삶까지 보존하면서 새로운 가치를 창출하는 개발을 병행하는 중이다.

티엔즈팡(田子坊)이 그 대표적 사례다. 저소득층 밀집지역으로 주거환경이 좋지 않았던 이 지역을 개선하기 위한 상하이시의 초기 계획은 대규모 철거 후 재개발이었다. 하지만 커뮤니티의 의견과 기존 티엔즈팡에서 활동하던 예술가들의 조언을 받아들여, 커뮤니티를 보존하면서 지역 활성화를 달성하는 방향으로 개발전략을 선회했다.[13]

사실 외부인들이 티엔즈팡을 찾아가기는 쉽지 않다. 티엔즈팡은 대로가 아닌 이면도로 안쪽에 위치하기에, 미로를 헤매다 목적지에 도착하는 과정을 거쳐야 한다. 길을 헤매다 보면 어디로 가야 하는지, 그리고 제대로 도착하였는지조차 헷갈린다.

미로를 잘 찾아 드디어 티엔즈팡에 들어서면 건물 1층에 자리한 갤러리, 디자인 스튜디오, 아트숍, 카페 등 창조적 소매점을 만나게 되고, 매우 재미있는 곳이라는 인상을 받게 된다. 하지만 조금만 주의 깊게 살펴보면 건물 2층에서 빨래를 너는 아주머니, 관광객들 사이로 검은 봉지를 들고 장을 보는 할머니, 러닝셔츠 차림에 선풍기 바람을 맞으며 담배를 피우는 아저씨, 좁은 골목을 뛰어다니는 동네 꼬마를 어렵지 않게 볼 수 있다. 고급스럽고 창의적인 현대식 공간에 있는 깔끔한 옷차림의 외지인과 소박한 상하이 원주민이 공존하는 것이다. 지역 사회의 삶이 과거와 동일하게 현재로 이어져 숨 쉬고 있는 모습이다.

골목과 건물은 어떠할까? 티엔즈팡 내부에는 자동차가 들어갈 수 없는, 어떤 경우에는 2명이 동시에 걷기도 버거워 보이는 좁은 골목길이 여기저기 흩어져 있다. 콘크리트가 갈라진 길바닥도 심심찮게 눈에 띈다. 스쿠먼 양식의 건물들도 존재하나, 건물의 외양이 신텐디만큼 깔끔하지는 않다. 오히려 한국 중소도시에서도 찾기 힘든 낡은 콘크리트 건물들이 보이며, 후미진 골목으로 들어서면 뒤얽힌 전깃줄과 잡동사니들이 눈에 밟힌다.

오픈 스페이스open space! 수많은 사람들이 기껏해야 몇십 명이 모일 좁은 공간을 다양한 방식으로 소비하고 있다. 몇백 명 아니 족히 천 명 이상을 품을 것 같은 송파구 가든파이브의 거대한 광장은 사람이 없는 죽은 장소가 되었으나, 티엔즈팡의 오픈 스페이스는 규모가 작음에도 사람들의 활력이 넘쳐난다.

광장, 건물, 골목길 어느 것 하나 우리가 그토록 갈망하는 '초대형, 초고층, 자동차를 위한 거리'와 거리가 멀다. 좁고, 작고, 낮은 공간이어도 어떤 기능이 들어가느냐에 따라 도시에 새로운 가치를 심을 수 있음을 티엔즈팡은 여실히 보여준다.

사실 티엔즈팡과 비슷한 성공사례가 우리에게도 있다. 바로 북촌이다. 북촌의 골목길은 자동차가 지나기 버거울 정도로 좁으며, 한옥은 대부분 1층이다. 그리고 거대한 오픈 스페이스조차 없다. 하지만 북적북적한 거리는 늘 활력으로 넘친다. 북촌의 성공을 목도했음에도 우리는 도시의 가치와 브랜드를 높이기 위해 초고층 건물로 뒤덮인 용산국제업무지구를 완성해야 한다고 목소리를 높였다.

북촌, 티엔즈팡과 비슷한 공간이 송보3가 바로 뒤편에도 살아 숨 쉬고 있다. 가회동 북촌지역을 개발한 20세기 최초의 한국인 디벨로퍼 정세권(鄭世權)이 초기 개발한 익선동 166번지가 바로 그곳이다. 좁은 골목, 낡지만 운치 있는 한옥, 조금씩 생겨나는 창조적 소매점은 사람들의 주목을 받기 전 북촌을 연상시킨다. 하지만 이 가능성의 지역은 십수 년째 고층아파트 지역으로 개발하자는 위협에 직면하고 있고, 그 위협은 여전하다. 작고, 낮고, 아담한 북촌의 성공을 경험했음에도 왜 크고, 높고, 거대한 도시만을 주장해야 하는가?

르코르뷔지에가 지배하는 도시, 서울

근대 건축의 아버지라 불리는 르코르뷔지에는 초고층 도시를 역설하였다. 그는 센강 북쪽 파리 중심지역을 완전히 철거하고 60층 건물들로 가득 채울 획기적 계획을 발표하였다. [14]

다행히 그의 파리 개조계획은 실현되지 않았고, 파리는 여전히 19세기풍의 아름다운 모습을 간직하고 있다. 하지만 그의 거대한 비전으로 인해 르코르뷔지에는 수많은 건축학도들의 롤모델이 되었고, 그의 획기적 계획은 세계 곳곳에서 실제로 구현되었다. 브라질의 수도 브라질리아, 인도의 여러 도시들, 그리고 현재는 중국의 다수 도시들이 그의 계획안에 맞춰 기존의 건물들을 부수고 초고층 도시를 건설 중이다.

서울 역시 르코르뷔지에의 영향력 아래 있는 도시임을 부인할 수 없다. 도시 경쟁력을 강화하고 도시 브랜드를 만들어야 한다면서 나왔던 계획

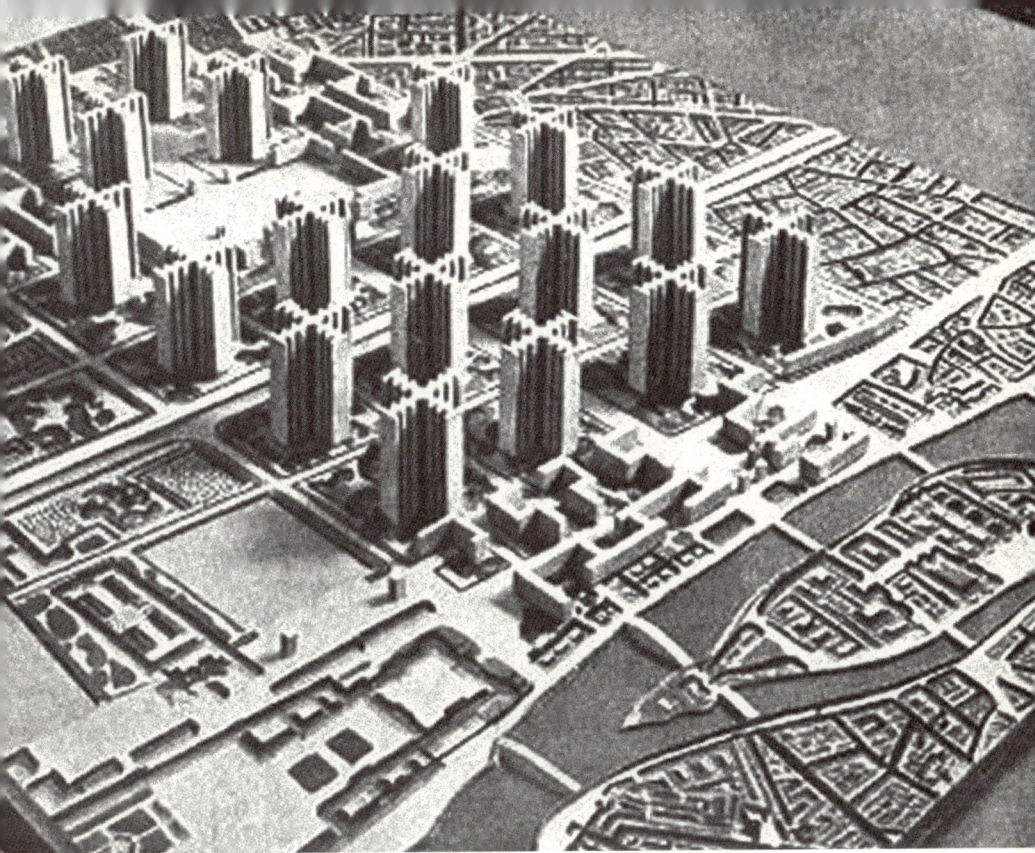

르코르뷔지에는 파리 중심지역을 고층 건물들로 가득 채울 계획을 구상하였다.

들 대부분이 초고층 건물을 건설해야 한다는 내용이었기 때문이다. 하지만 우리가 간과한 것이 있다. 르코르뷔지에는 파리 중심부를 부수고 초고층으로 만들어야 한다는 나름의 논리가 있었다. 20세기 초반의 파리는 엄청난 속도로 인구가 증가하고 있었고, 정치·경제·사회·문화의 중심지로서 매우 빠르게 성장하고 있었다. 이는 과거에는 경험하지 못했던 엄청난 스피드였다. 특히 경제적 기능(도시에서의 오피스 산업의 성장)에 주목하였다. 그가 바라본 엘리트 계층(금융, 건축, 법 등 오피스 산업 종사자들)을 위한 공간은 서로 접촉할 기회가 많이 필요하기에 매우 밀집된 지역에 존재해야 했다. 다른 말로 표현하면 르코르뷔지에는 집적 경제이익을 실현하기 위한 장소로서, 그리고 엄청나게 빨리 성장하는 산업을 담보할 그릇으로서 초고층 도시를 역설한 것이다. 또한 당시 혁신적인 교통수단으로 부상한 자동차가 기하급수적으로 증가했기 때문에, 이에 대비하는 차원에서 큰 대로를 뚫는 형태로 도시를 다시 설계해야 한다고 역설한 것이다.[15] 즉 이 천재 건축가는 '집적 경제이익'을 이해하였고, 오피스 산업군의 중요성을 간파하였으며, 자동차 혁명을 대비하기 위한 미래의 도시를 꿈꾼 것이다. 그리고 이 꿈은 단순히 그의 머릿속에서 즉흥적으로 나온 것이 아니라 실증적인 자료를 바탕으로 경제와 인구, 교통 현황을 분석한 후 나름의 논거를 바탕으로 구상한 것이다.

하지만 서울은 어떠한가? 서울은 성장이 한창 진행 중인 20세기의 도시가 아니라 성숙기에 들어선 21세기의 도시다. 한국의 GDP 성장률은 더 이상 10%대를 구가하지 않는다. 경제가 성숙화 단계에 접어든 한국은 아무리 잘해야 4%대 성장률에 머물 공산이 크다. 엄청난 경제 성장을 지속 중인 중국이나 도시국가 싱가포르와는 전혀 다른 경제 상황인 것이다. 따라서 연평균 10% 성장을 구가하는 중국의 도시들은 빠른 성장을 담보하기 위한 공간이 필요할 수 있다. 한마디로 초고층 건물을 지을 근거가 있는 셈이다. 하지만 서울이 그러한 상황인가?

100층 이상 초고층 건물 건설은 50층 건물 두 개를 짓는 것보다 두세 배의 돈이 더 들어간다. 그렇다면 건물 소유자인 디벨로퍼는 임대료를 최소한 두세 배 더 받아야 한다. 디벨로퍼가 건물을 건설할 때 투입되는 자본은 크게 두 가지로, 자기 자본과 외부 자본(일반적으로 은행 대출)이다. 이 중 대개의 경우 외부 자본의 크기가 자기 자본보다 매우 높다. 따라서 디벨로퍼는 초고층 건물의 임차인인 오피스 기업으로부터 임대료를 받은 후, 이 중 일부를 은행 대출을 갚는 데 사용한다.

하지만 두세 배 더 비싼 초고층 건물의 임대료에다 경기마저 썩 좋지 않다면, 오피스 기업들은 굳이 임대료를 더 많이 내고 초고층 건물에 들어갈 이유가 없다. 그렇다면 초고층 건물 소유 디벨로퍼는 임대 기업을 구할 수 없기에 은행 대출도 못 갚게 된다. 이는 결국 디벨로퍼의 파산뿐 아니라, 초고층 건물에 투자한 금융기관까지도 위험에 빠트리는 결과를 낳게 된다.

이런 경제적인 이유는 차치하더라도, 초고층 건물 건설의 당위성을 강조할 때 자주 등장하는 '도시 경쟁력 향상'과 '도시 이미지 향상'이라는 주장은 구체적인 검증이 필요하다.

초고층 건물 건설이 도시 경쟁력 향상으로 이어진다는 논리는 아마도 다음과 같은 흐름일 것이다. 1) 초고층 건물을 지으면, 2) 창조적 기업들이 건물에 들어와서 일을 하게 되고, 3) 이것이 도시 경쟁력 향상에 이바지한다. 즉 초고층 건물을 건설하는 것 자체가 도시 경쟁력에 이바지한다기보다는, 건물 내부에 입주한 창조적 기업들이 사업을 통해 궁극적으로 도시 경쟁력을 향상시킬 것이라는 견지다. 하지만 앞서 설명한 바와 같이 높은 임대료에 경기마저 좋지 않다면, 어떤 기업들이 초고층 건물에 들어올 것인가? 주변의 10층 정도 건물의 임대료가 싸다면, 경기가 안 좋은 형편에 더 많은 임대료를 내고 초고층 건물에 들어갈 이유가 있을지 궁금하다. 따라서 초고층 건물 건설 자체가 도시 경쟁력 향상으로 이어진다는 것은, 가능성은 있으나 항상 실현되는 일이 아니다.

이제 초고층 건물이 서울의 도시 이미지 향상을 위한 필수 요소인지를 생각해보자. 이미지라는 것은 우리의 눈으로 우리의 것을 바라보기보다는 외부인의 눈으로 우리의 것을 바라보았을 때 좀 더 객관적일 수 있다. 특히 국제적인 도시 이미지나 브랜드 구축의 경우라면, 우리의 눈으로 바라본 도시 이미지보다는 외부인(우리에게는 외국인)의 관점이 더 정확할 것이다. 그렇다면 "과연 외국인들이 우리나라에 와서 가장 가보고 싶은 곳이 어디인가?"라는 질문에 대한 답변이 이 문제를 알아보기 위한 단초가 될 수 있다.

서울시는 매년 외국 관광객들을 대상으로 선호하는 방문지를 조사하는데, 그들이 가장 선호하는 장소 6곳은 다음과 같다. 명동이 53.5%로 가장 높았고, 다음으로 동대문 시장(45.3%), 남대문 시장(36.5%), 고궁(35.3%), 남산/N서울타워(29%), 인사동(25.7%)의 순이다.[16]

여기에는 우리나라 최고 부촌인 대치동의 타워팰리스, 성수동에 건설된 40억 원을 호가하는 갤러리아 포레, 한때 우리나라에서 가장 높은 건물이었던 63빌딩 등은 들어가지 못한다. 이유는 간단하다. 이런 초고층 건물들은 그들이 살고 있는 나라에서도 충분히 볼 수 있는 건물이기 때문이다. 이미 초고층 건물들이 중국에도 산재해 있고, 미국과 유럽, 일본은 말할 필요도 없다. 따라서 이들이 선호하는 장소는 서울이라는 대도시의 정중앙에 우뚝 솟은 남산 같은 자연자원과, 한국의 전통적 느낌이 살아 있는 북촌과 인사동, 그리고 한국적이면서도 현대적 모습을 동시에 갖춘 명동과 동대문이다.

우리가 외국의 도시를 방문하는 이유는 도시의 대형 건물을 보러 간다기보다는 도시의 역사와 문화를 소비하기 위해, 즉 도시의 역사를 이해하고 문화를 즐기기 위해 가는 것이다. 따라서 도시의 건물 자체보다는 건물의 역사성이나 건물이 가진 문화적 기능이 중요하다. 그렇기에 한국적인 것을 소비할 수 있는 장소가 선호 대상에 오른 것이고, 바로 이들이 서울을 대표하는 이미지이자 서울의 브랜드다.

외부인이 도쿄에 있는 록본기힐이라는 건물을 방문하는 이유는 록본기힐 내에 입점한 다양한 문화시설과 박물관, 쇼핑시설 등을 둘러보기 위해

서다. 2003년에 오픈한 도쿄의 록본기힐은 일본 최대 디벨로퍼인 모리 빌(주)이 동경 도심에 건설한 복합 개발사업이다. 10만m^2(대략 3만 평)의 부지 위에 54층의 모리타워를 비롯한 7개의 대형 건물을 건설하였고, 여기에 오피스와 아파트, 쇼핑시설 및 문화예술시설이 집적되어 있다. 만약 록본기힐 건물이 제아무리 멋지다한들 1층부터 꼭대기 층까지 금융회사들로 꽉 차 있다면 외부인들은 록본기힐을 방문할 아무런 이유가 없다. 따라서 건물의 외형적 모습은 사람들을 끌어모으는 필요조건이라 볼 수 없다. 오히려 건물 내부의 기능이야말로 사람들을 끌어모으는 필요조건이 될 수 있다. 따라서 건물의 외형보다는 문화·예술적 역량과 역사성 같은 스토리텔링이 더 중요하다.

서울에 세계 최대 170층짜리 건물이 들어선다면, 세계 최대 건물이라는 독특한 스토리로 잠깐은 어필할 수 있다. 하지만 인구 13억에 GDP 성장률이 10%에 달하는 중국에서는 마음만 먹으면 171층짜리 건물도 쉽게 지을 수 있다. 이런 식이라면 서울의 170층짜리 건물이 가진 독특함은 금세 빼앗기고 만다. 그렇다고 우리가 172층 초고층 건물을 지어야 할까?

가능성의 공간,
서울의 근현대 도시자원

외국인이 선호하는 장소로 전통적인 북촌, 인사동과 경복궁, 그리고 현대적인 명동과 동대문 등이 있음을 앞에서 언급하였다. 그러나 우리나라에서 전통과 현대 사이 근현대 도시자원들은 아직 외국인에게 알려지지 않왔다. 어쩌면 우리 자신부터 이에 대한 가치를 무시하기 때문인지 모른다. 화려한 개발사업에 치중한 나머지 '한강의 기적'을 만들어낸 근현대 자원인 구로공단과 가리봉동이 기억에서 지워지고 있다. 산업화 시기 근대적 노동과 삶을 여실히 보여주는 봉제공장과, 패스트패션 일번지 동대문-낙산공원-동숭동 연극촌으로 이어지는, 여러 시대와 문화가 다층적으로 공존하는 창신동의 현재 역시 암울하기는 매한가지다.

이들이 단순히 기억에서 무시되었다면 그나마 다행이라 할 수 있으나, 더 큰 문제는 이러한 근현대 공간들이 무참하게 철거되었거나 철거될 예정이라는 점이다.

현존하는 가장 오래된 한옥집단지구 익선동 166번지는 십수 년째 재개발에 신음하고 있고, 구로공단에 소재한 삼우창고는 2011년 12월 철거되었으며, 가리봉동 역시 십수 년째 재개발의 압력에 시달리고 있다. 창신동은 2005년 뉴타운으로 지정되어 엄청난 몸살을 겪다 2013년 9월 최종 해제되었다. 근현대적 한옥들이 밀집했던 공덕동 사거리 남서 블록의 한옥촌은 2012년 초에 이미 파괴되었으며, 한국 근대 건축의 아버지라 불릴 만한 김수근 선생의 작품인 세운상가는 2008년 일부 철거되어 공원으로 바뀌었다. 근대 건축의 수작이라 할 만한 서울 구청사는 역시 일부 철거되었다.

도시의 가능성을 바라보지 못했던 정부와 개발 주체(건설업계)인 디벨로퍼는 가능성의 지역인 근현대 도시자원과 사대문 밖에 위치한 유산들을 부수고, 초고층 도시를 건설하려는 시도를 끊임없이 이어왔다.

우리에게 제임스 라우즈 같은 디벨로퍼가 없다고 한탄하지 말자. 지금으로부터 근 100년 전, 제임스 라우즈에 필적할 만한 한국인 디벨로퍼 정세권이 있었다. 북촌 가회동 한옥촌을 개발한 이 디벨로퍼는 20세기 사람들의 삶에 맞는 20세기형 퓨전한옥을 건설하였다. 저소득 서민들을 위해서 익선동 166번지에 한옥촌을 건설하였고, 돈 없는 자들에게는 주택금융까지 제공하였다. 자랑스러운 디벨로퍼 정세권의 유산인 북촌 가회동은 모든 이들의 사랑을 받는 곳이지만, 그가 건설한 서민들의 한옥촌 익선동 166번지는 재개발의 압력에 시달리는 중이다.

북촌의 한옥은 대규모 부지의 전통한옥을 여러 필지로 나뉘어 개발한 개량한옥으로, 현재의 다세대주택과 같이 여겨졌기에 한때 재개발의 위협 속에 몸살을 앓았다. 그러나 이 천대받던 한옥 단지는 지금 서울에서 가장 사랑받는 지역이자, 외국인들이 가장 선호하는 전통 관광자원이 되었다.

미래 서울 최고의 패션타운은 동대문이 아닌 구로 가산디지털단지 지역이 될지 모른다. 거대 쇼핑센터 밀집지역으로 거듭나고 있는 이곳은 과거 구로공단이라 불리던 지역이기도 하다. 그리고 인접한 가리봉동은 별천지다. 노동자들의 쪽방들이 밀집했던 가리봉동은 현재 조선족 아지트로 변모하였다. 1970년대 대한민국의 수출 엔진 역할을 했던 구로지역의 많은 공장들이 사라졌음에도, 노동자들의 삶의 터전이었던 가리봉동 쪽방촌은 여전히 남아 있다. 그 수준이 열악하기에 도시재생을 통해서 환경을 개선해야 하는 것이 맞다. 하지만 대한민국의 성장을 이끌었던 동네에 대한 향수는 사라지기 일보 직전이다. 가리봉동을 부수고 카이브시티라는 이름의 거대한 개발계획이 세워져 있다.

디자인 베끼기가 성행하는 동대문 패션타운의 경쟁력은 실상 원가 낮추기다. 그리고 이는 창신동에 밀집한 봉제공장 노동자들의 피와 땀의 결과로 볼 수 있다. 그렇기에 창신동 노동자들의 삶은 늘 고단하다. 서울 한복판에 위치한 거대한 봉제산업단지, 그렇지만 외관상으로는 서울 어디서나 볼 수 있는 3~4층 연립주택 지역이기에, 창신동이 가진 패션봉제산업의 클러스터라는 가치는 도외시되었다. 그렇기에 수년간 뉴타운 개발의 압박을 받아왔는지 모른다. 외국의 패션 도시들이 패션산업의 경쟁력인 봉제산업의 중요성을 강조하고 있음에도, 우리는 우리 손으로 패션산업의 경쟁력을 없애려고 했다. 창신동은 비단 도시산업 측면에서만 중요한 것이 아니다. 창신동 남측 동대문 인근에는 여전히 많은 수의 한옥들이 가치를 감춘 채 존재하며, 창신동 언덕에는 여전히 1980년대 모습이 남아 있기에, 《건축학 개론》과 같은 영화를 비롯하여 수많은 드라마의 촬영지로 이용되고 있다.

아름다움과 실용에 대한 가치 기준은 고정되어 있지 않다. 시간과 환경 그리고 커뮤니티의 성격에 의해 변화하고 다양해져 간다. 북촌의 아름다움에 대한 평가는 길지 않은 100년의 시간 중에서도 이렇게 극명하게 달라졌다.

가능성의 공간이 비록 현재 우리의 눈에는 철거 대상으로 보이나, 이들 역시 새롭게 가치 있는 지역으로 되살아날 수 있다. 우리에게는 아직도 여러 가능성의 장소가 있다. 그리고 디벨로퍼 정세권과 같은 뛰어난 인물이 존재했던 나라다. 이제는 가능성의 장소들을 어떻게 활용하느냐를 고민할 시점이다.

제 2 장 - 익선동 166 한옥집단지구

작은 개발

20세기 최초의 디벨로퍼,
서민한옥을 분양하다

익선동 166번지 바로 앞 종로3가역 주변

익선동에 있는 비교적 큰 규모의 한옥

종로구 익선동 166번지 전경

지하철 5호선 종로3가역에서 내리면 서울 시내 한복판임에도 조금은 허름하고 낮은 건물들 모습에 마치 지방 중소도시에 온 듯한 느낌을 받게 된다. 그리고 익선동 166번지의 한옥들은 그 건물들 바로 뒤편에 위치한다. 100여 채 작은 한옥들이 옹기종기 모여 형성된 익선동 166번지는 인접한 북촌의 한옥에 비해 상대적으로 작고 아담한 크기의 한옥마을이라 할 수 있다. 만일 익선동이라는 지명이 다소 낯설다면, 1950~80년대 세상을 풍미했던 서울의 3대 요정 중 하나인 오진암 근처, 인사동과 종묘 사이라 하면 대략적인 위치를 짐작할 수 있을 것이다.

익선동 166번지에는 10평형부

 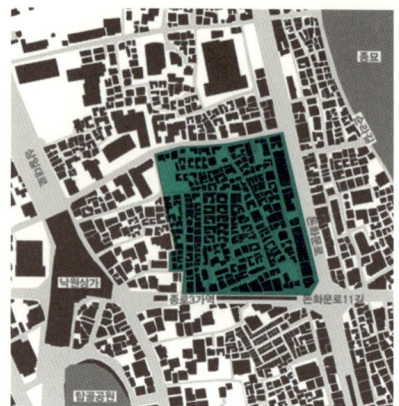

지도로 본 서울시 종로구 익선동 위치

터 50평형대까지 다양한 크기의 한옥이 밀집해 있다. 골목마다 한옥 평형대가 다른데, 50평형대의 비교적 큰 규모 한옥 10여 채가 밀집한 골목도 있으나, 일반적으로는 대개 30평형대 이하로 매우 작다. 그리고 현재 익선동 166번지의 이미지는 그다지 정돈되거나 세련된 느낌은 아니다. 하지만 서울시 오피스 건물들이 밀집한 종로 한복판에서 도보로 5분 거리에 100여 채나 되는 한옥들이 대규모로 집적되어 있고, 커뮤니티가 살아 숨 쉬고 있다. 가려지긴 했지만 매우 흥미롭고 가치 있는 지역임은 틀림없다.

 한옥으로 유명한 북촌에서 남산을 내려다볼 수 있는 골목인 가회동 31번지와 익선동 166번지는 매우 다르면서도 같은 요소가 있다. 다른 요소는 북촌이 당대 지주들을 위한 비교적 큰 규모의 한옥이었다면 익선동은 중산층 이하 서민을 위한 한옥집단지구라는 점이다. 반대로 같은 요소는 두 지역 모두 우리나라 최초의 근대적 디벨로퍼라 할 수 정세권에 의해 건설되었다는 점이다.

 당시부터, 그리고 현재도 '집장사'로 매도되고 있는 정세권은 자신의 회사인 건양사를 통해 커다란 땅을 매입하여 분할한 후 한옥을 지어 분양하는 방식¹⁷을 취한 20세기 최초의 한국인 디벨로퍼다. 하지만 정세권이라는 인물은 디벨로퍼라는 이력 외에도 다양한 모습으로 역사 속에 등장한다. 그는 조선물산장려회와 조선어학회의 재정적 후원자요, 적극적인 활동가였다. 일반 대중을 위한 경제잡지《실생활》을 발간하였고,《우리말 큰사전》출간에 큰 기여를 하였으며, 학교 설립과 기부활동 등 사회활동에도 적극적으로 참여하였다.

그는 단순히 많은 집을 지어 경제적 차익만을 노린 장사꾼이 아니라, 국가의 경제적 부강, 교육 진흥, 생활 개선을 고민한 노블리스 오블리제를 실천한 역사적 인물이다.

1920년 일제의 회사령 철폐로 인해 일본 제국주의 자본이 조선으로 유입되면서, 미처 형성되지 못한 민족자본은 위기에 처하게 되었다. 그리고 명동, 용산 일대의 남촌지역에 주로 거주하였던 일본인들은 종로 일대까지 거주와 상업활동을 확장하면서 한인들의 경제적 기반을 잠식하기 시작하였다.[18] 부동산 개발에서도 유사한 현상이 나타나게 된다. 당시 대형 관급공사에 조선인들의 참여는 구조적으로 큰 제약을 받았기에 소규모 자본으로 사업을 시작할 수 있는 틈새시장을 찾기 시작하였다. 서울이 엄청난 규모의 인구 성장을 경험하고 있는 터에 소규모 도시형 주택산업은 조선인들이 사업을 할 만한 좋은 틈새시장이었다.

이 와중에 정세권을 비롯한 여러 사람들이 1910년대 후반부터 주택산업에 뛰어들기 시작하였다.[19] 정세권은 한옥을 건설하면서 전통적인 한옥의 형태를 많이 변형한 기존과 다른 차원의 한옥을 만들기 시작하였다. 그가 만든 한옥은 당시에는 파격적으로 수도와 전기가 들어왔고, 환기와 햇볕 등 구조에도 신경을 써 행랑방과 장독대, 창고의 위치를 실용성 있게 재배치하였으며, 대청에 유리문을 달고 처마에 잇대어 함석 챙을 나는 등

커뮤니티가 살아 숨 쉬는 익선동 풍경

새로운 시도를 하였다. 그의 한옥은 20세기형 라이프스타일을 고려하여 새로운 구조와 재료를 사용한 20세기형 퓨전한옥이었다. 그의 이런 의지는 1925년 《경성편람》에 발표한 〈건축계에서 본 경성〉에 잘 나타난다.

"근래의 경향은 일반이 개량식을 요구하는 모양입니다마는, 개량이라면 별 것이 아니라, 종래 협착하던 정원을 좀 더 넓게 하여 양기가 바로 투입하고, 공기가 잘 유통하여, 한열건습의 관계 등을 잘 조절함에 있습니다. 뿐만 아니라, 외관도 미술적인 동시에 사용상으로도 견확하고, 활동에 편리하며, 건축비, 유지비와 생활비 등의 절약에 유의함이 본사의 사명인가 합니다. 재래식의 행랑방, 장독대, 창고의 위치 등을 특별히 개량하여 왔고, 또 한편으로 중류 이하의 주택을 구제하기 위하여 넌부, 월부의 판매제도까지 강구하여 주택난에 대해서는 다소의 공급이 있다고 생각합니다."

- 정세권[20]

이 글을 현대적으로 재해석하면 다음과 같다.

"현재의 주택난에 대해 우리 회사는 중산층 이하 서민을 위한 주택이 매우 필요하다고 생각합니다. 중산층 이하 서민들의 주거 수준을 획기적으로 개선해야 합니다. (당시 서민들은 초가집에서 거주했을 뿐이다.) 서민들도 업그레이드된 주거환경인 새로운 스타일의 개량된 한옥에서 살 수 있어야 합니다. 이 퓨전 한옥에는 상류층 한옥이 갖고 있는 특징의 하나인 정원, 물론 상대적으로 매우 작은 규모의 정원을 갖고 있습니다. 그리고 서민 주택은 일정 수준 이상의 품질을 갖추기 위해서는 100% 전통적인 양식의 고전 주택이기보다는 개량형 주택이 더 적합할 듯합니다. 또한 우리는 그 주택을 분양하지만, 입주 시점에 주택 대금을 모두 받지 않고, 다양한 금융기법을 이용하여 연 또는 월 단위로 분양금을 받고 있습니다."

현재 우리나라에도 서민용 주택 구입을 지원하기 위한 금융 정책들이 많이 있다. 예를 들어 보금자리론 같은 경우 9억 원 이하의 주택에 대해 매우 낮은 금리로 주택을 보유할 수 있는 길을 열어놓은 것이다. 하지만 이를 지원하는 주체는 정부 산하 공기업인 한국주택금융공사이지 일개 민간 회사가 아니다. 따라서 당시 한옥을 건설하고 분양한 후, 분양대금을 입주 후 월 단위로 받는다는 것은 한국주택금융공사라는 공공 금융기관이 하는 역할을 정세권의 회사가 했다는 것으로 이는 매우 놀라운 일이다. 한국 최초의 디벨로퍼는 개발사업의 이익을 초기에 확보하는 방법을 피하고, 서민의 편의를 위해 주택 융자를 시행한 셈이다.

춘원 이광수는 본인의 집을 지은 후 수기[21]에서 가장 큰 감사의 마음을 정세권에게 표했다. 그는 이 글에서 정세권의 인품과 민족정신, 그리고 창의적인 사업에 대해 큰 찬사를 보냈다.

"나는 그(정세권)의 소유인 가회동 가옥을 전세로 빌어서 3, 4개월 살았지만, 그가 어떠한 인물인 줄을 잘 몰랐다. 다만 가끔 그가 토목 두루마기를 입고 의복도 모두 조선산으로 지어 입고 다니는 것과 머리를 바짝 깎고, 좀 검고 뚱뚱한 영남 사투리를 쓰고 말이 적은 사람인 것만 보았었다. (중략) 조선물산장려를 몸소 실행할 뿐더러 장산사라는 조선물산을 판매하는 상점을 탑골공원 뒤에 두고 조선산 의복과 양복을 장려하고 《실생활(實生活)》이라는 잡지를 발행하여 조선물산장려를 선전하는 인물인 줄을 알았다. (중략) 조선식 가옥의 개량을 위하야 항상 연구하여 이익보다도 이 점에 더 힘을 쓰는 희한한 사람인 줄도 알았다. (중략) 기타 설계 변소, 마루, 토역재료(土役材料) 등 내가 안 것만 하여도 정씨의 개량한 점이 실로 적지 아니하다. 미닫이 밑에 굳은 목재를 붙이는 것도 아마 씨(氏)의 창의(創意)라고 믿는다. (중략) 나는 더욱 정씨의 인격을 존경하지 아니할 수 없었다. (중략) 한 사람의 인격의 힘이 이처럼 영향이 큰가를 느꼈다. 이것도 내 집 성조에서 얻은 큰 소득 중에 하나다."
- 이광수

자산가이며 도시 한옥 건설사업으로 부를 축적한 정세권은 다양한 사

1946년 조선어학회 동지회 사진. 앞줄 왼쪽 2번째가 정세권이다.

회사업에 관심을 갖고 지원하였다. 조선물산장려회의 회계와 사업 전반을 관장한 그는 상업적 측면에 눈이 밝아 물산장려운동을 크게 활성화시켰다. 특히 대공황기를 맞아 당시 조선물산장려회가 경제적 어려움에 봉착했을 때, 정세권은 1929년 8월 관훈동 197번지 회관에서 그 해 11월 익선동 166번지로 이전할 수 있도록 장소를 마련해주었다. 회관 건립 등의 공이 커 한용운은 《장산》지에 〈백난중분투(百難中奮鬪) 하는 정세권씨에게 감사하라〉는 글을 게재하여 노고를 치하하였다. 이후 1931년 9월 낙원동 300번지로 이전하기까지 익선동에 조선물산장려회의 회관이 있었다. 하지만 자립정신과 민족의식을 고취하는 방향을 원했던 다수의 이사들과 실리적 산업 육성을 추구하였던 정세권과의 대립으로 인해, 이후 정세권은 물산장려회에서 나오게 된다. 그리고 경제적 어려움을 겪게 된 물산장려회는 침체기를 맞이하며 쇠퇴하였다.

정세권은 또한 민족 교육에 큰 관심을 갖고 있었고, 조선어학회에 적극적으로 참여하였다. 그는 1935년 4,000원을 들여 화동 129번지의 양옥 한 채를 조선어학회에 제공하기도 하였다. 하지만 1942년 일제의 조선어학회 탄압사건에 연루되어 최현배, 이희승 등과 함께 고초를 겪었다. 뚝섬 일대(현재 서울숲) 3만 평을 일제에게 빼앗긴 후에야 감옥에서 나올 수 있었다.[22]

하지만 정세권에 대한 당시 평가는 매우 인색하였다. 소규모 개량한옥을 대량 공급하여 저소득층 밀집 주거지를 형성하였다는 이유로 '집장사'

로 평가 절하되었다. 당대 최고 건축가였던 박길룡은 귀족계급 소유의 뜰과 저택을 부수고 소규모 한옥 밀집지역으로 개발하는 것에 대해 주거환경이 악화된다며 비난하였다.23

이러한 비판이 반드시 잘못되었다고 볼 수는 없다. 같은 대지에 큰 저택이 한 채 있는 경우와 대저택을 아주 작게 쪼개 여러 집을 만드는 경우, 두 지역의 인구밀도는 큰 차이가 있다. 대지 1,000평의 큰 저택에 한 가구가 사는 경우와 50평짜리 집 20채가 사는 경우를 비교하면, 가구당 사람 수가 같다는 조건하에 같은 면적대비 인구수는 20배 증가하기 때문이다. 자연히 인구밀도가 높아지기에, 주거환경은 과거보다 나빠지거나 최소한 덜 쾌적해질 것이다.

하지만 이는 주거환경 측면만을 바라본 것이다. 당시 서울은 인구 급증으로 인해 주택이 부족한 상황이었고, 특히 중산층 이하 서민들의 주택 수요가 넘쳐났다. 하지만 초가집과 같은 기존 주택은 내구성과 비위생 등 많은 문제점이 있었고, 그렇다고 서민들이 대저택을 구매할 형편은 더욱 아니었다. 따라서 주거복지 차원에서 서민들을 위한 양질의 주택을 합리적인 가격으로 제공되어야 했는데, 정세권이 바로 그 역할을 담당한 셈이다. 따라서 전체적인 편익을 본다면 주거환경이 일부 나빠질 상황이 발생할 수 있으나, 사회적인 편익은 이런 부분을 훨씬 뛰어넘는 것이었다.

또한 당시 정세권과 같은 이들의 노고가 없었다면 전통한옥 건설 기술의 맥이 끊어질 수도 있었기에, 개량한옥을 건설한 이들의 노력을 과소평가해서는 안 된다. 1900년대 초반, 일본인들은 일본식 주택을 건설하였고, 당시 한인 지식인과 부유층은 소위 '문화주택'이라 불리는 서양식 주택을 선호하였다.24 하지만 앞서 살펴본 바와 같이 정세권의 문제의식은 식민시대 평범한 일반인들을 위한 서민 주택으로서의 도시형 한옥, 20세기 초반 삶의 효율을 고려한 한옥을 건설하는 것이었다. 익선동 한옥의 가치는 엘리트의 삶을 보여주는 북촌형 주거단지가 아니라, 일반 서민들의 생활양식이 반영되었다는 점, 그리고 조선시대 정통양식의 한옥이 아니라 일반인들이 필요로 하는 20세기적 생활양식을 표현하는 매개체로서의 한옥이라는 점에 있다. 또한 그의 한옥 건설로 말미암아 단절될 뻔하였던 한옥 건설 기법이 오늘날까지 계승될 수 있었다는 점 역시 평가하지 않을 수 없다. 30평형 이하 소규모 한옥이 다수를 차지하는 익선동 166 한옥집단지구는 그 존재 자체만으로도 충분한 가치가 있는 것이다.

조선물산장려회의 후원자이자 조선어학회 사건으로 고초를 당했던 역사적 인물의 손길이 닿은 곳이 익선동과 북촌 가회동이다. 북촌 가회동이 깔끔하고 아름답기에 보존가치가 있다면, 익선동 한옥은 주거환경을 업그레이드하면 된다. 그리고 대지주들의 북촌 가회동이 나름의 가치를 지닌다면, 서민들을 위해 지었던 익선동 166 한옥집단지구의 가치 또한 존중받고 지켜져야 한다.

현존하는 가장 오래된
한옥집단지구

2011년 기준으로 서울시에는 오피스 건물과 아파트, 백화점, 단독주택 등 모든 유형의 건물을 아울러 총 60만여 채의 건물이 존재한다. 이 중 한옥은 2만여 채 정도로 추정된다. (이 추정은 한옥 형태 주택이 있는 필지를 셈하여 얻은 것이다. 일부 한옥의 경우 2필지를 점유하는 경우가 있기에, 정확한 통계라기보

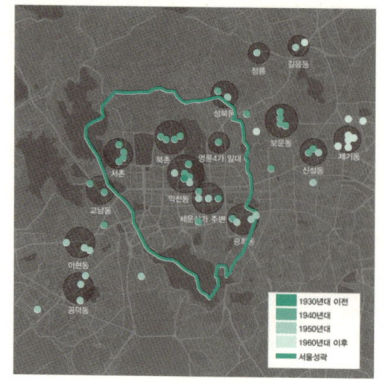

다 특정지역 분석을 바탕으로 한 대략적 추정이다.) 한옥이 집단적으로 모여 있는 곳을 확인하기 위해 지리정보기술(GIS)을 이용하여 분석한 결과, 총 74곳의 한옥집단지구가 발견되었다.

한옥집단지구를 알아보기 위해, 서울시 전역에 걸쳐 반지름 200미터의 육각형을 씌운 후, 하나의 육각형 안에 한옥 수가 50채 이상인 것을 세었다. 50채 이상의 한옥이 존재하는 육각형은 총 74개인데, 이 중에 육

안으로 명확하게 보이는 경우를 추리면 총 18개의 한옥집단지구가 존재하는 것으로 보인다. 지역으로는 익선동, 북촌, 서촌, 세운상가 일대, 교남동, 광희동, 명륜4가 일대 등 4대문 안뿐 아니라, 한강 이남으로는 문래동, 양평동, 영등포동이며, 한강 이북으로는 공덕동, 아현동, 성북동, 정릉동, 길음동, 보문동, 제기동, 신설동 등이 눈에 띈다. 따라서 서울시 내 역사자원을 4대문 안으로만 한정짓는 것은 심각한 오류일 수 있으며, 4대문 밖에도 많은 한옥집단지구들이 존재하기에 이들 지역에

리씽킹 서울
Rethinking Seoul

대한 관심이 절실히 요구되는 상황이다. 아쉽게도 공덕동 사거리 남서블록의 대규모 한옥촌은 2012년 초 철거되었다.

이들 한옥집단지구에 속한 한옥들의 평균 건설년도를 계산하면 익선동이 유일하게 1940년대 이전으로 잡히고, 1940~60년대 사이에는 북촌, 서촌, 세운상가 일대, 교남동, 광희동, 명륜4가 일대, 공덕동, 아현동, 성북동, 정릉동, 길음동, 보문동, 신설동 등이 나타나며, 1960년 이후 건설된 지역으로는 양평동, 영등포동, 제기동이 꼽힌다. 북촌의 평균 건립년도가 1943년인 것은 1940년 이후 건설된 한옥이 상당히 존재하고, 앞서 설명한 바와 같이 정세권이 북촌을 개발한 시기가 익선동 다음이기 때문이다. 익선동 소재 한옥들의 건설년도와 북촌을 비교해보면 1930년 이전 건설된 한옥의 수가 익선동에 더욱 많이 존재함을 알 수 있다.

피맛길의 진실

2000년대 초중반, 서울 종로 교보생명 건물 동쪽 지역이 재개발로 대규모 철거됐다. 당시 가장 논란이 됐던 것은 서민들이 즐겨 찾던 '피맛골'이 사라진다는 것이었다. 교보문구 후문에서 지하철 종각역까지 뻗어 있던 피맛골이 철거됨에 따라, 서민의 사랑을 받던 빈대떡, 해장국, 생선구이 가게들이 사라졌고, 많은 사람이 이를 안타까워했다.

피맛길은 하급관리들이나 서민들이 말을 탄 고관들을 피하기 위해 자연스럽게 형성된 길(避馬, 말을 피하다)이다. 고관들이 수도 행차하는 대로

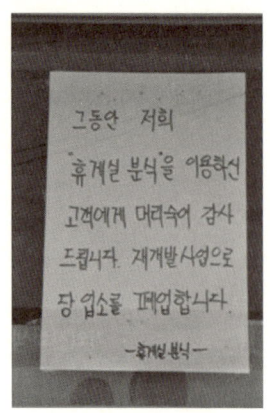

철거로 인한 가게 폐업 안내문

철거 후 재개발 중인 피맛골

에서 그들을 마주할 때, 인사를 해야 하는 번거로움을 피하고자 서민들이 다니면서 형성된 대로 이면의 골목길이다. 그리고 이 골목길에는 자연스럽게 서민을 상대하는 저렴한 음식점들이 많이 형성되었다.[25]

조선시대부터 서민들의 애환이 서린 청진동 166번지 피맛길은 1983년 도심재개발지역으로 지정된 이래 수차례에 걸쳐 재개발이 시도되었으나, 지역상인과 문학예술인, 정치인 등의 보존 여론에 의해 번번이 무산되었다.

하지만 2003년 당시 이명박 서울시장은 피맛골을 철거하고 거대 오피스 건물 계획을 밀어붙였다. 당시 서울시는 종로 피맛길 일대를 새롭게 태어날 청계천과 조화를 이루는 역사와 문화가 살아 있는 공간으로 재개발하겠다고 약속했다. 또한 개발업체 ㈜르메이에르는 수복 재개발 방식을 도입하여 지역 고유의 분위기를 유지하겠다고 공언했다.[26] 이런 '약속'과 '공언'을 통해 역사와 문화가 살아 있는 공간으로 탄생한 피맛길의 모습은 오른쪽 사진과 같다.

과거 피맛길에 있었던 '청일집', '청진옥', '미진' 등 유명 맛집들은 현재도 르메이에르 건물 1층에 자리 잡고 있다. 하지만 이들 맛집 간판에 적힌 설립연도를 꼼꼼히 찾아 읽지 않으면, 주변에 흔하게 널린 식당들과 어떤 차이점이 있는지 도저히 알 수 없다. 그리고 그 외 많은 음식점들은 높은 유지비용에 부담을 느꼈는지 르메이에르 건물을 떠났다. 이렇게 종로 피

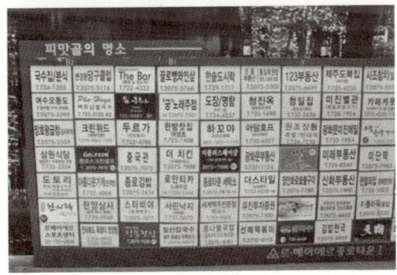

새로운 피맛길 풍경

맛길은 과거의 흔적과 장소성, 그리고 그만의 맛을 상실한 채, 우스꽝스러운 조형물과 함께 우리 앞에 서 있다.

종로 피맛길은 한국전쟁의 와중에서도 훼손되지 않고 살아남았다. 인천상륙작전에 성공한 맥아더 장군은 서울 수복을 위해 종로지역을 포함한 서울시 전면 폭격을 계획하였다. 이에 당시 주일공사였던 김용주는 경복궁, 덕수궁 등 주요 고궁과 4대문만큼은 문화적 가치가 크기에 폭격을 자제할 것을 요청했고, 맥아더장군이 이를 받아들였다. 덕분에 종로거리는 폭격을 피할 수 있었다.[27]

한국전쟁에서도 기적적으로 살아난 피맛길이 정치인과 시행업자의 손에 의해 고작 아무 곳에서나 볼 수 있는 오피스 건물 통로 형태로 변한 것이다. 이에 대해 미국인 문화비평가는 '피맛골의 강간'이라며 분개하며 신랄하게 비판했다.

"한국이 (생각하는) 외국 관광객 유치를 위한 최상의 방법은 피맛골과 같은 역사적인 랜드마크를 파괴하고 서구에서도 볼 수 있는 똑같은 모양의 영혼 없는 현대적인 고층 건물들을 세우는 것으로 보입니다. (역사적 랜드마크를 부수고 현대적 고층건물을 세우는 것이) 외국 관광객들을 떼를 지어 불러들이는 확실한 방법으로 여기는 것 같습니다."
- 스콧 버거슨[28]

피맛길, 아직 살아 있다

많은 사람들은 피맛길을 종로와 평행을 이루면서 그 배후에 뻗어 있는 '이면도로', 또는 '뒷골목'으로 이해할 테다. 하지만 피맛길이 과연 종로에만 있었을까?

우리 역사를 자세히 살펴보면 과연 종로에만 피맛길이 존재하는지 의문이 든다. 경복궁이 임진왜란 때 소실된 것은 너무나 유명한 이야기다. 임진왜란 후 소실된 경복궁과 창경궁은 왕궁으로서 거주가 불가능하였기에 광해군 이후 약 300년간 왕궁으로 사용된 곳은 창덕궁이었다. 익선동 북쪽에 인접한 창덕궁은 3대 태종이 난을 일으켜 왕좌에 오른 후 경복궁을 정궁으로 사용하는 것을 께름칙하게 여겨 만든 이궁으로 1997년 세계문화유산으로 등재되었다.

따라서 왕들이 주로 행차했던 길은 종로보다는 돈화문로다. 그렇다면, 종로 외에 돈화문로 인근에도 피맛길이 생겨야 더 자연스러운 현상일 것

익선동 피맛길

이다. 그리고 이는 역사적으로 증명된 사실이기도 하다. 서울시에서 발간한 보고서의 그림을 보면 피맛골이 돈화문로 이면도로에도 존재하고 있음을 보여준다. 익선동이 갖고 있는 또 다른 가치의 재발견이다.

현재 익선동 주변 돈화문로에는 국악 관련 악기상과 학원, 국악인의 사무실이 많이 자리 잡고 있다. 나름대로 우리 음악의 클러스터가 형성된 것이다. 그리고 이들의 모습을 저녁 무렵 익선동 피맛골 식당에서 자주 볼 수 있다.

"최근 수년 사이에 국악하시는 분들이 많이 오세요. 대략 이틀에 한 팀 정도 와요. 보통 오후 5시 넘어서 오시는데, 어떤 분들은 공연 마치

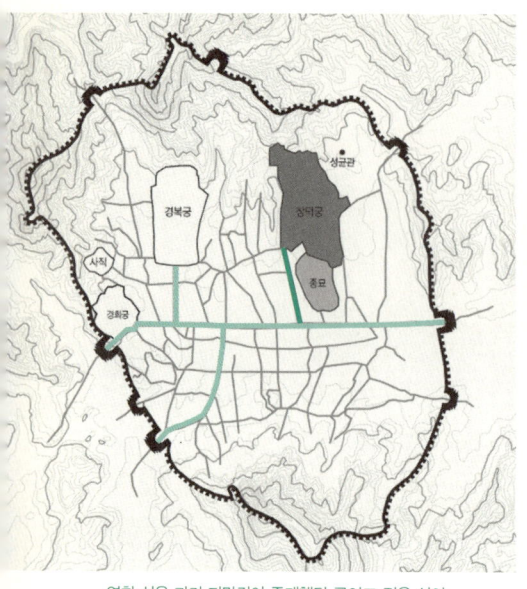
연한 선은 과거 피맛길이 존재했던 곳이고 짙은 선이 익선동 166번지의 피맛길이다.29

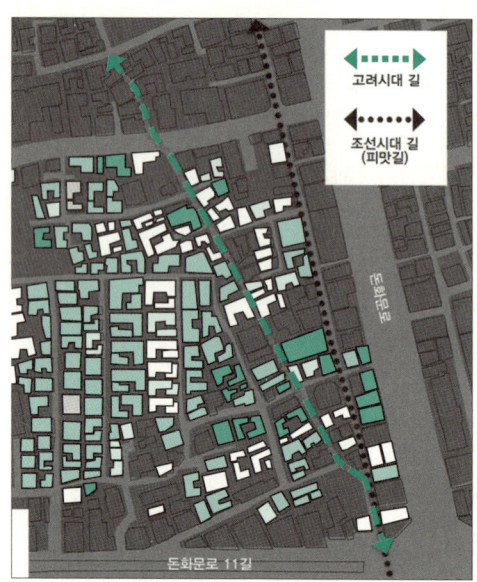
고려와 조선시대 골목길

고 한복을 입고 상모를 쓴 채 이곳에 오세요. TV에 나오는 유명한 분들도 오십니다."
- 익선동 피맛골 OO식당 주인 인터뷰, 2013년 4월 23일

전통문화 예술인들의 존재는 익선동 피맛길이 과거 종로 피맛길처럼 정취가 살아 있는 공간으로 변모할 가능성이 있음을 보여준다. 비단 피맛길만이 익선동에 있는 의미 있는 골목길은 아니다. 고려시대 서울이 남경이라 불리던 시절의 골목길이 여전히 남아 있다. 창덕궁과 돈화문로가 조성되기 전, 지금으로부터 700~900년 전부터 존재했던 고려시대 골목길이 익선동에 존재한다.30

리씽킹 서울
Rethinking Seoul

순라길 그리고 오진암

익선동은 서울에 남아 있는 가장 오랜 한옥집단지구이자 피맛길과 고려시대 골목길이 남아있는 곳이다. 허름한 겉모양과는 달리 대단히 재미있는 스토리를 가진 동네다. 그리고 익선동의 지리적 특성을 고려하면, 이 지역은 장래 활성화될 가능성이 매우 높다. 익선동은 북으로 창덕궁과 북촌 삼청동, 경복궁, 서로 인사동, 동으로 종묘로 둘러싸인 종로 인근 대표적 역사·문화자원의 정중앙에 위치한 핵심 지역이다.

익선동은 많은 사람이 방문하는 장소는 아니다. 인파는 보통 창덕궁과 북촌을 거쳐 삼청동과 경복궁, 그리고 인사동으로 내려온다. 그러나 인사동과 종묘 사이에는 인적이 별로 없다. 이런 형편을 서울시도 알고 있어서, 시는 종로 주변 순라길을 관광 상품화하려는 전략을 갖고 있다.[31]

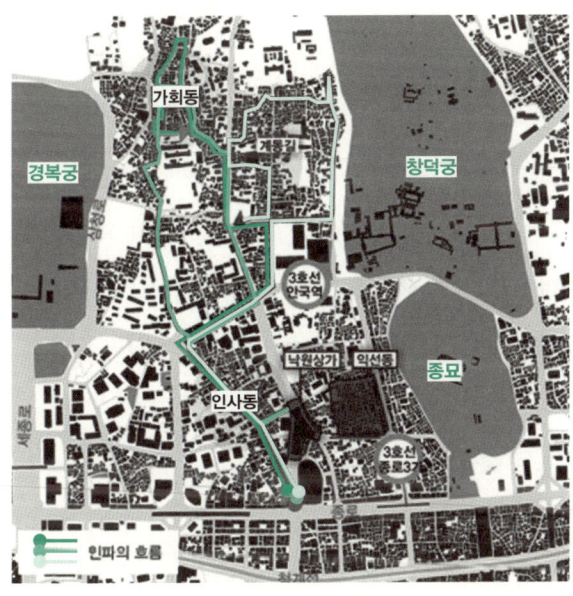

익선동을 중심으로 본 주변 지역

순라길은 과거 조선시대 화재와 도적을 감시하기 위해 순찰을 돌던 길이다. 원래는 2~3명이 함께 다니기도 힘든 좁디좁은 길이었다.

"예전에 순라길 주변에는 한옥들이 엄청 많았어요. 그리고 순라길은 지금과 달리 좁디좁은 골목이었죠. 아이들은 밤에는 무서워서 못 갔어요. 망태할아버지가 잡아간다고."
- 과거 순라길 인근 한옥 거주자 인터뷰, 2013년 5월 10일

종묘 옆으로 이어진 순라길

정비된 순라길에서는 옛 모습을 찾기 힘들다.

그러나 많은 한옥들이 2006년 서순라길을 정비하는 과정에서 대거 철거됐다. 이전과는 판이해진 모습의 순라길을 관광 상품으로 만든다한들, 북촌에서 인사동 거리를 지나는 인파를 종묘까지 이어지게 할 수 있을까.

인사동 입구에서 순라길까지는 직선거리가 600미터에 달하는데 이 정도 거리를 사람들에게 주변에 아무 볼거리 없이 걸어서 가게 하는 건 무리다. 만약 거리가 멀다면 가는 중간중간 사람들을 유인할 수 있는 무언가가 존재해야 한다. 즉 사람들을 끌어들이는 앵커Anchor 역할을 하는 건축물 또는 콘텐츠가 존재해야 하는 것이다.

사실 익선동이 아니어도 앵커 역할을 할 만한 장소가 과거에는 있었

리씽킹 서울
Rethinking Seoul

철거 중인 오진암 © 연합뉴스

오진암의 지붕기와가 뜯긴 모습 © 연합뉴스

익선동 한옥지구에서 바라본 비즈니스호텔

다. 바로 오진암(梧珍庵)이다. 오진암은 1950~1960년대 한국 밀실 정치 스토리를 간직한 역사적 장소였다. 한때 '기생 관광의 중심지'라는 사회적 지탄을 받기도 했으나, 이 또한 엄연한 한국, 그리고 서울의 역사다.

아마도 과거에는 사람들이 요정을 구경하기 위해 호기심을 가지고 오진암을 관광했을지도 모른다. 그러나 이제는 익선동에서 오진암을 볼 수가 없다. 아쉽게도 오진암은 익선동에서 철거되어 다른 장소로 옮겨졌다. 오진암이 있던 자리에는 비즈니스 호텔 이비스IBIS가 들어섰다.

철거된 오진암에 대해 지역 주민이 품었던 감정은 사뭇 애틋하다.

"지역주민 입장에서 오진암 내부를 가볼 일은 없었죠. 기생관광하던 곳을 서민들이 어떻게 가보겠어요? 하지만 제가 사는 집에서 오진암을 내려다보면 오진암에 있었던 매화나무들이 정말 멋있었어요. 그리고 오진암 담벼락의 매화가 너무노 밤스럽게 열렀고 향도 좋았어요. 오진암 지붕 기와가 하나하나 뜯겨나갈 때 마음이 아팠습니다."
- 익선동 주민 인터뷰, 2013년 5월 10일

익선동 주민과 인근 상인들은 유서 깊은 오진암이 철거된 자리에 주변과 좀처럼 어울리지 않는 거대한 몸뚱이의 호텔이 들어선 데 분개하고 있다. 오진암을 부수고 다른 건물을 지을 거라면, 주변과 어울리는 건물을 지었어야 한다는 아주 작은 소망이다.

오진암 자리에 들어선 짙은 회색의 비즈니스호텔

"저 호텔 벽돌이 진짜 비싼 거라고 하더라고요. 하지만 도대체 주변하고 어울리지가 않아요. 주민들은 벽돌 색깔에 불만이 많아요."
- 익선동 소재 OO카페 사장 인터뷰, 2013년 4월 20일

만일 오진암이 남아 있었다면 많은 사람들은 인사동을 벗어나 오진암까지 걸어왔을지 모른다. 하지만 전 세계 어디에서나 볼 수 있는 비즈니스호텔을 보기 위해 발걸음을 옮길 사람들은 많지 않을 것이다.

현재 서울시는 수많은 방문객과 관광객으로 인해 호텔 수요가 넘쳐난다. 그리고 이 수요를 충족시키고자 많은 호텔이 건설 중이다. 모든 호텔이 획일적인 현대식 건물이라면 방문객들은 조금은 차별화된 호텔에서 투숙하려는 수요가 생길 것이다. 이러한 이유로 관광업계에서 최근 뜨고 있는

트랜드는 B&B_{Bed and Breakfast}이다. B&B는 기능적으로는 숙박과 아침식사를 제공하고, 일반적인 호텔과 달리 그 지역의 고유한 분위기(특히 독특한 역사적인 분위기)를 체험하게 하는 숙박시설이다. 호텔 투숙객은 고학력 고소득 전문직 직종 출신이라는 특성이 있다.[32]

수명이 다한 오진암을 철거하는 대신 오진암의 원형은 살려둔 채 B&B라는 새로운 기능을 더한 오진암 B&B가 존재하였다면 현재 건설되고 있는 비즈니스호텔보다는 오히려 더 경쟁력이 있었을지 모른다. 전 세계 어디에서나 존재하는 비즈니스호텔과 고급요정이라는 스토리를 갖고 있는 오진암 B&B, 같은 가격이라면 어느 곳에서 머무르고 싶을까. 600년 역사의 고도 서울 한복판에 위치한 한옥 숙박시설은 외국인에게 독특한 경험을 제공하는 공간이 될 것이다. 그렇기에 비즈니스호텔보다는 오진암 B&B가 진정한 서울의 가치를 알려주는 장소가 되었을 것이다.

그러나 이제 종묘 담벼락 옆 작은 골목길, 순라길은 과거와는 사뭇 다른 모습이 됐다. 조선시대 순찰을 돌았던 길이란 것을 상상하기 어렵고, 그나마 관광 자원이 될 수 있었던 오진암도 철거됐다. 서울 시내 어디서나 볼 수 있는 골목길이 된 순라길을 찾는 사람은 많지 않다.

그럼에도 정책 입안자들은 옛 정취를 하나도 느낄 수 없는 순라길이 관광 상품이 될 수 있다고 믿고 있다. 원형을 지운 후 관광 상품화를 시도하는 정책, 그리고 그나마 관광 상품화가 가능했던 역사 자원을 파괴하는 모습을 보며, '결국 이런 방법이어야 했느냐'는 아쉬움이 든다.

그나마 위안을 삼는다면 오진암이 철거된 장소에 대규모 오피스 건물이 들어서지는 않았다는 점이다. 많은 방문객들이 숙박하게 될 비즈니스 호텔은 차악이나, 최악은 아닌 듯싶다. 호텔에서 내려다본 한옥 집단촌 '익선동 166번지'를 통해 익선동의 가치를 방문객들이 볼 수 있을 테니 말이다.

상하이 티엔즈팡, 익선동의 미래

비좁은 골목, 전통적이나 정돈되지 않은 모양의 한옥들, 익선동이 과연 가치 있는 지역인지 의문이 들 수 있다. 이에 대한 대답은 상하이의 저소득층 밀집지역이었던 티엔즈팡에서 찾을 수 있다.

   티엔즈팡은 보존과 개발의 균형을 보여주는 가장 대표적인 성공사례다. 이 지역은 과거 가내수공업 공장들이 다수 입지해 있던 공장지역이었고, 주변 타이캉루 지역은 한국의 재래시장처럼 과일과 채소를 파는 평범한 시장으로 저소득층 밀집지역이었다. 90년대 말 상하이시 루완구 정부 주도하의 거리 재정비사업으로 타이캉루 예술거리가 조성되어, 유명 화가들의 스튜디오가 주변에 들어서면서 티엔즈팡은 예술인의 작업공간으로 바뀌기 시작하였다.[33]

   당시 상하이시에는 재개발 과정을 거치면서 해당 지역의 커뮤니티가 사라진 경우가 많았다. 이에 대한 반작용으로 티엔즈팡은 다른 발전전략을 선택하였다. 생생한 커뮤니티의 삶을 고스란히 담은 거리 고유의 모습을 간직한 채, 기존 건물을 철거하지 않고 그 내부에 스튜디오, 갤러리, 공방, 카페, 레스토랑 등 다양한 문화예술 공간을 입점시켜 지역을 활성화시킨 것이었다.

   상하이에 온 외지인이 혼자의 힘으로 티엔즈팡을 찾아가는 것은 힘들다. 아파트 건물에 티엔즈팡이라는 간판을 볼 수 있는데, 과연 이곳을 지나면 티엔즈팡이 나오는지 의구심이 들기도 한다. 티엔즈팡은 찾기 힘든 미로 속에 숨어 있다.

   티엔즈팡에서 볼 수 있는 건물은 뉴욕 맨해튼에 존재하는 거대한 초고

과거의 상하이를 느낄 수 있는 티엔즈팡

기존의 커뮤니티에 다양한 문화예술 기능이 융합된 티엔즈팡

기존의 커뮤니티에 다양한 문화예술 기능이
융합된 티엔즈팡

층 건물이 아니다. 기존의 건축물을 부수고 재건축한 것이 아니라 허름한 건축물 대부분을 그대로 이용하였기에 어찌 보면 우리나라 중소도시의 모습 또는 1970년대 골목의 모습이다. 잘 만들어진 아담한 벽돌건물들도 존재하지만, 보기 흉한 콘크리트 건물 역시 존재한다. 건물들의 외형만을 따지면 '도대체 이 지역에 볼 게 뭐가 있나?'라는 의구심이 들 수 있다. 하지만 볼품없고 허름한 건물의 원형을 통해 과거의 상하이를 느낄 수 있고 동시에 내부의 현대적인 예술과 문화기능은 현대인이 원하는 깨끗하고 문화적인 소비공간을 제공한다.

　티엔즈팡이 주는 즐거움 가운데 하나는 좁은 골목길이다. 원활한 통행을 위해 길은 반드시 넓어야 한다고 생각하는 사람들, 그리고 자동차 위주의 도시에 살고 있는 사람들에게 티엔즈팡의 좁은 길은 매우 낯설게 다가온다. 더군다나 상하이의 가장 뜨고 있는 지역이 자동차도 진입할 수 없고 골목은 좁아서 어떤 경우에는 두 명도 함께 걷지 못한다면 더욱 그러할 것이다. 하지만 그 좁은 길목 좌우에 위치한 공방과 스튜디오, 갤러리, 카페, 레스토랑 등 다양한 장소들을 마주하면, 의외로 좁은 길을 걷는 것이 편하게 느껴지게 된다. '휴먼 스케일(human scale, 인간의 체격을 기준으로 한 척

지역 커뮤니티의 삶이 잘 보존된 티엔즈팡

도)'의 장점을 확인할 수 있기 때문이다. 가로가 꼭 넓을 필요가 없음을, 그리고 좁디좁은 골목길마저도 상품화가 될 수 있고, 제대로 활용된다면 지역 활성화의 한 요소가 될 수 있음을 티엔즈팡의 좁은 골목길이 보여준다.

창고와 공장 등 근대 산업시설이 위치한 지역에서 나타나는 특징 중 하나는 다양한 공장들이 서로 밀집하여 분포한다는 것이다. 예를 들어 간단한 공구 하나를 만들기 위해서는 손잡이를 만드는 공장, 드라이버 쇠를 만드는 공장, 그리고 원료를 공급해주는 공장과 함께 부대시설인 창고 등 다양한 산업시설이 가까운 곳에 분포한다. 그리고 노동자들을 위한 기숙사와 식당, 술집 등이 인접하여 위치한다. 따라서 도시에 있던 근대 산업시설은 건물이 홀로 떨어져 존재하기보다는 여러 건물들이 한곳에 집적하여 있는 경우가 많기에, 개별 건축물 차원의 보존 접근(점적 접근)보다는 지역 전체를 보전하는 접근(면적 접근) 방식이 요구된다.

과거 공장 밀집지역이었던 티엔즈팡 역시 기본적으로 지역 전체를 보존하는 전략을 따르고 있다. 그렇기에 허름한 건물의 원형뿐 아니라 지역 커뮤니티의 삶도 보존하고 있다. 멋진 모습의 외국인들이 카페에서 차를 마시고 있는 순간, 그 옆에서는 티엔즈팡 거주민들이 장을 보고 음식을 준비하며 담소를 나누고, 아이들은 거리에서 뛰어놀고 있다. 그리고 건물에는 빨래들이 걸려 있다.

전통적인 경관과 현대적인 기능의 공생, 그리고 지역 커뮤니티와 외부인과의 공생이 티엔즈팡의 가치를 상승시키는 원동력이다. 모든 것을 100% 원형 그대로 보존하는 것이 아니라, 물리적 건물의 내부는 현대적으로 바꾸면서 새로운 인과의 흐름을 지역 내부로 끌어들였다. 이러한 외부 인과가 내부의 원주민과 잘 어울리는 곳이 바로 티엔즈팡이다. 건물과 지역의 물리적 성격을 보존하면서 개발의 필요성까지 융합한 전향적인 모습이다. 그리고 단순한 물리적 보존을 넘어서 커뮤니티의 생활양식까지 보존하는 방향으로 확대되고 있다. 2층 및 단지 외곽 주민들은 지금도 과거와 마찬가지로 자신의 삶을 영위하고 있으며, 일부 주민은 공간 임대를 통해 경제적 이득을 취하기도 한다. 따라서 티엔즈팡에는 도시재개발의 이익을 지역주민과 함께하려는 노력이 담겨 있는 것이다.

물론 티엔즈팡이 모든 부분을 완전히 만족시키는 것은 아니다. 현재 인사동이 상업화되면서 많은 사람들을 끌어들였던 재미있는 공방들이 쫓겨나고 있는 것처럼, 티엔즈팡의 성공을 이끌었던 세계적인 사진작가 동키앙 Er Dongqiang이 최근 임대료 인상을 견디지 못하고 티엔즈팡을 떠났다.[34]

그럼에도 대규모 전면 철거 위주의 도시재개발에서 이제 막 벗어나려는 우리의 상황에서 티엔즈팡이 주는 교훈은 매우 크다. 문화예술을 포함한 창조적인 기능이 함께할 때 지역이 변모할 수 있음을, 그리고 허름한 건물과 좁은 골목길도 충분히 사람들의 사랑을 받을 수 있음을, 빨래를 걸고 요리를 하는 지역주민과 현대적인 카페에서 담소하는 외국인이 공존할 수 있음을 서울의 평균 소득수준에 한참 못 미치는 도시 상하이가, 그리고 그 상하이의 대표적 낙후지역인 티엔즈팡이 우리에게 보여주고 있다.

익선동 가는 길, 낙원삘딩

다음 쪽 사진의 부조물이 있는 건물이 지난 수십 년간 철거 위기에 처해 있다면 어떻게 해야 하나? 낙원빌딩, 정확히는 '낙원상가 아파트' 건물 안 벽에는 작가를 알 수 없는 완성도 높은 부조물이 눈길을 끈다. 겉보기에도 형편없는 수준은 결코 아니다.

인사동에서 익선동 166으로 이어지는 길은 낙원상가라는 거대한 근대 건축물에 가로막혀 있다. 낙원상가에 대해 우리가 갖고 있는 일반적인 이미지는 거대한 건물이 주는 중압감과 낙원상가 아래 도로의 침침한 어두움, 동성애자들의 집합소와 같은 일면 낯선 것일지 모른다. 그렇기에 전면 철거에 대한 주장이 매우 많다. 사실 이런 주장은 어제오늘의 이야기가 아니며 1980년대 말부터 제기되었다.

> "서울시가 지난 1985년부터 2년여에 걸쳐 마련한 도시설계안은 ⋯⋯ 장기적으로 낙원상가아파트를 철거하고 낙원상가와 파고다공원 사

아름다운 부조물이 새겨진 낙원상가, 낙원빌딩 ⓒ 서자민

이의 환경불량지구를 재개발사업지구로 추가 지정하는 한편, 낙원상가 서쪽의 재개발구역은 주차 및 상업복합용도건물로 사업계획을 변경……"
- 1987년 《매일경제》 기사[35]

불과 몇 년 전 뉴타운과 재개발 광풍이 불 때, 신문지상에 연이어 나왔던 소식들은 서울시의 일방적인 개발 결정에 주민들이 반발한다는 소식이었다. 이런 민관의 갈등구조가 21세기에도 존재하는 현실에서 낙원빌딩

당시 서울시가 제시한 청사진

의 탄생 이야기는 매우 놀랍다.

1960년대 서울시는 종로에서 제3한강교를 잇는 도로를 계획하였고, 현 낙원상가 위에 있던 재래시장은 도로 건설에 걸림돌이었다. 이에 서울시는 1층을 도로로 건설하고 상부를 저층형 상가로 개발할 것을 건설사에 제안하였지만 토지 소유 관계가 복잡하다는 이유로 모든 건설사들이 사업 제안을 거절하였다. 이후 당시 탑골공원 아케이드를 시공하고 있던 대일건설이 서울시의 수정안을 수락하여 사업이 진척되었다.

하지만 도로에 편입될 사유지 보상가격이 시가에 한참 못 미치자 토지주였던 낙원시장의 영세 상인들이 반발하게 된다. 그들은 자기들의 땅 1,500평에 더해 국공유지 1,500여 평을 합한 토지에 고층건물을 건설하여 현대식 슈퍼마켓(현재의 낙원상가)과 아파트(낙원아파트)로 사용하게 해줄 것을 서울시에 건의하였다. 서울시는 도로 위에 건물을 세우는 것이 법규 위반이지만, 1층에 차량이 통행하는 도로를 만든다는 조건으로 낙원시장 재개발을 통과시킨다.[36]

"그때 서울시에서 이 청사진을 보여주면서, 근대적인 건축물인 낙원상가에 들어갈 수 있다고 했다고. 그래서 이 청사진 보고 상가 주민들이 대부분 긍정적인 방향으로 입장을 바꿨지. 그러고 나서 잘되는가 싶었는데, 서울시가 토지를 기부 체납하라고 하는 거야. 시장 사람들이 토지 기부 채납은 안 된다고 강하게 주장했지. 우리나라 사람한테 토지는 의미가 다르잖아? 그래서 그때 서울시가 양보해서 토지의 기부 채납은 하지 않고, 대신 1층 도로는 서울시가 무상으로 사용하는 방향으로 조정한 거야."
- 낙원상가 주식회사 대표이사 OOO 인터뷰, 2013년 4월 23일

낙원상가 주식회사 대표이사의 인터뷰에 의하면 이후 상인(토지주)들은 조합을 만들어 낙원상가 주식회사를 설립하였고, 현재도 낙원상가의 지분을 갖고 운영 주체의 역할을 담당하고 있다. 건설회사는 낙원아파트 수익금으로 건설비를 제하고 개발이익을 가져갈 수 있었기에, 상인들이 들어가서 장사를 할 공간인 낙원상가의 건설비는 상인들이 부담할 수 있는 수준이었다. 그렇기에 대부분의 상인들이 낙원상가에 재정착하였다고 한다.

비록 완공 이후 각종 소송전이 벌어지며 잡음이 일었으나, 낙원상가는 공공과 민간이 한발씩 양보하며 건설되었다는 소중한 가치를 갖고 있다. 1층에 도로를 만들어 불법성 문제를 해결한 서울시의 탄력적 법안 해석은 시와 지주에게 모두에게 '윈-윈win-win' 상황을 만들었다.

서울시의 노력으로 공공을 위한 도로 인프라를 확보하였고, 이해관계자들을 설득하여 토지작업을 도와줌으로써 건설회사가 개발에 속도를 낼 수 있었으며, 대일건설 역시 사업을 통해 이익을 얻었고, 기존 재래시장 상인

의 커뮤니티도 보존되었다.

　뉴타운을 비롯한 각종 재개발 사업에서 건설회사들만 이익을 얻고 지역 커뮤니티는 외려 해체되는 때에 주목할 만한 사례다. 지자체가 나서 이처럼 관련 법을 탄력적으로 해석하고 능동적으로 이해 당사자들의 갈등을 조정했던 일은 좀처럼 찾기 어렵다. 근래 우리가 뉴스에서 자주 보았던 것은 '서울시는 인허가권자일 뿐'이라는 수동적이고 무기력한 모습이었다.

　낙원빌딩의 탄생은 한국식 공공 민간 협동개발의 한 역사를 열었던 역사적 사건이었다. 그리고 그 역사의 한 페이지를 장식한 당시 서울시장이 '불도저 시장'으로 불렸던 김현옥 씨였다는 점은 역사의 아이러니다.

　낙원빌딩은 1970년대 중반까지 강남지역 아파트와 전세가가 비슷할 정도로 서민들은 꿈도 꿀 수 없는 고급주택이었다. 지하 1층에 있던 상가는 부유층을 위한 고급품과 미제 물건을 취급하던 현대식 상가였다. 어찌 보면 2000년대 초반을 휩쓴 주상복합의 진정한 선구자였다.

　낙원상가 지하는 현재 재래시장을 그대로 옮겨놓은 모습이다. 방앗간, 정육점, 분식점, 야채가게, 생선가게, 수입 식료품점 등 서울 한복판에 과연 이런 장소가 있을까라는 생각을 들게 한다. 지금도 낡고 어둡고 허름한 모습으로 손님들을 반긴다. 만약 낙원빌딩이 주변 경관을 해친다고 생각하는 사람들이 이 지하상가를 방문한다면 당연히 철거해야 한다는 자신의

낙원상가 지하 재래시장 풍경

주장이 옳다고 확신할지 모른다. 그럼에도 이 모양새가 외국인들에게는 신기한가 보다.

> "최근에는 중국, 일본 관광객들이 단체로 낙원상가 지하 재래시장에 자주 와요. 사실 우리가게에서는 우리 농산물과 외국 것 모두를 취급합니다. 하지만 저도 그렇고 외국손님들도 오면 우리 콩과 고추 등을 사갑니다. 한국에 왔으면 한국적인 것을 맛보고 싶겠죠."
> - 낙원상가 재래시장 상인 인터뷰, 2013년 4월 30일

채널A의 음식 소개 프로그램 〈이영돈의 먹거리 X파일〉에서 선택한 착한 식당 제1호점이 낙원상가 지하에 위치한 일미식당이라는 점은 낙원상가 지하의 허름한 재래시장이 가진 또 다른 가능성이다.

음악산업의 메카, 낙원상가

낙원상가의 또 다른 매력은 전 세계적으로 유례를 찾기 힘들 정도로 많은 악기 판매상들이 밀집해 있다는 점이다. 가수 싸이의 성공에서 알 수 있듯이, 우리는 최근 문화산업이야말로 우리나라를 한 단계 더 발전시킬 분야로 인식하고 있다. 음악산업은 문화산업의 한 축이라 할 수 있고, 음악의 하드웨어인 악기를 판매하는 낙원상가는 문화산업 판매처로서 훌륭한 기능을 한다고 볼 수 있다. 따라서 음악산업 하드웨어가 밀집한 장소에 소프

트웨어마저 풍부하다면 이 지역은 문화산업의 핵심지가 될 수 있다.

우리가 기억하지 못해 의미를 평가 절하할 수 있으나, 사실 낙원상가는 국내 음악산업의 중심지였다. 1970년대 중반부터 형성된 악기 시장을 중심으로 많은 음악인들이 낙원상가에 모이기 시작하였다. 1982년 야간 통행금지가 풀리면서 카바레와 나이트클럽 등 연주를 필요로 하는 공간이 늘어나면서, 당연히 연주자에 대한 수요가 증가하였다. 당시 악기 판매 중심지인 낙원상가에는 연주자들에게 악기를 단기간에 가르치는 교육도 이루어졌는데, 연주자 희망자들은 선배 연주자에게 도제식 교육을 받으면서 성장할 수 있었고, 유명 뮤지션들이 직접 연주를 하는 공간도 있었다.

> "또 하나의 문화가 사라진다. 50년대 중반부터 종로2, 3가에 하나둘 생겨난 악기점들이 거대한 상가를 이루어 우리 음악문화의 막강함을 세계에 과시했는데, (낙원상가가) 사라진다니 안타깝다."
> - 가수 신중현 인터뷰[37]

다양한 이유로 말미암아 오후 4~7시까지는 500~1,000명 사이의 뮤지션들이 낙원상가에 모이면서 자연스럽게 구인구직 시장이 형성되었다. 음악인들에게 낙원상가는 성소(聖所)와 같은 곳이었고, 이러한 현상을 반영하듯 1996년 가수 윤도현 주연의 영화 《정글스토리》라는 성공을 꿈꾸는 록커에 대한 이야기를 풀어내면서 그 무대로 낙원상가를 등장시켰다.

하지만 음악인 구인구직 시장으로서의 낙원상가는 1990년대 들어서면서 심야영업 금지조치와 가라오케와 노래방의 등장으로 명맥이 사라지게 되었다. 그나마 그 인근에 모였던 음악을 꿈꾸는 젊은이들이 1990년대 후반, 홍대 클럽문화가 차츰 자리를 잡으면서 무대를 낙원상가에서 홍대로 옮기기 시작하였고, 음악인들의 모임 장소로서 낙원상가의 역할은 종언을 고하게 된다.

만약 낙원상가가 음악인들이 모이는 장소로서의 기능을 지속적으로 제공했다면, 주변에 음악인들이 연주할 공간을 제공했다면, 우리는 홍대의 성공을 오히려 낙원상가 주변에서 마주하였을지 모른다.

현재 음악이나 문화 등과는 거리가 먼 도시인 베를린은 젊은 아티스트에게 저렴한 임대료로 공간을 지원하는 문화산업 지원정책(베를린 문화수도기금, Hauptstadtkulturfond)을 통해 유럽 음악 아티스트들을 빨아들이는 블랙홀로 변화하고 있으며, 자연스럽게 유럽문화의 중심지로 떠오르고 있다. 베를린에서 보여주는 변화와 똑같은 변화는 아닐지라도 낙원상가는 변혁의 촉매제 역할을 할 수 있다.[38]

과거 음악산업의 중심지 역할을 했던 낙원상가는 악기라는 하드웨어 측면에서 보면 여전히 우리나라 최고의 장소다. 과거의 영광을 재현할 수 있는 지원책이 존재한다면, 베를린의 성공을 낙원상가 주변에서 볼 수 있을지 모른다. 하지만 이 지원책은 낙원상가 철거 후 재개발과 같은 형태가 되어서는 안 된다. 지원책은 건물 철거와 같은 하드웨어 위주의 것이 아니라, 음악인들에 대한 실질적 혜택(공간 사용에 대한 지원)이 돌아가는 소프트웨어 중심이어야 한다.

더군다나 음악산업은 창조산업으로 분류된다. 음악을 만들고 판매하는 영역에 해당하는 다양한 개인과 회사가 여기에 해당되는데, 뮤지션은 물론 음악산업 관련 기획자, 악기를 만들고 판매하는 회사까지 매우 다양한 영역이 여기에 속한다.[39] 과거 뮤지션의 활동무대였던 곳, 그리고 음악산업 하드웨어를 판매하는 장소로서의 낙원상가는 창조산업인 음악산업의 본거지였다. 이곳에 어떤 기능을 부여하느냐에 따라 다시 창조산업의 본거지가 될 수 있다. 창조산업 육성이 진정으로 중요하다면 낙원상가 철거와 같은 주장은 그만 두자.

특히 낙원상가의 진화를 이해한다면 더욱 그러하다. 과거 낙원상가라는 오프라인에서 일어났던 사업들이 이제는 온라인에서도 활성화되고 있다. 낙원상가 웹사이트에서는 악기 중고 매물 거래가 매우 활발히 일어나고 있고, 구인구직에 대한 내용도 많다. 낙원상가는 인터넷 시대에도 적응할 만한 비즈니스 역량이 충분하다. 그렇다고 낙원상가의 오프라인 시장이 위축된 것도 아니다. 과거 2~3층에 밀집했던 음악 관련 상점들이 이제는 전 층으로 확산되고 있다.

낙원빌딩, 철거가 해법인가?

잠재력이 있는 낙원상가를 부정적으로 바라보는 입장의 선택은 아마 두 가지일 것이다. 첫째는 그동안 서울에서 많이 자행해왔던 방식으로 낙원빌딩을 철거하는 것이다. 하지만 이는 낙원빌딩의 가능성을 무시한 매우 단순하고 일차원적인 접근이다.

둘째는 기존 낙원상가 건물을 남겨둔 채, 내부를 새롭게 리모델링하여 새로운 용도의 건물로 전환하는 것이다. 낙원빌딩을 대학생 기숙사나 호텔 등으로 바꾸는 것이 가능한 예일 것이다. 하지만 지역 주민들이 낙원아파트를 바라보는 시각을 알면 이 역시 매우 위험한 선택이다.

"교동초등학교 주변 지역주민들이 가장 선호하는 아파트는 낙원아파

북쪽에서 바라본 15층 낙원상가와 24층 프레이저 스위츠 호텔

트와 운현아파트에요. 특히 낙원아파트는 방음도 잘 되고, 층간소음도 별로 없고, 잘 지어진 아파트에요."
- 낙원상가 재래시장 상인 인터뷰, 2013년 4월 30일

엄연히 주민들이 살고 있는 아파트, 그리고 지역주민들이 선호하는 아파트를 단순히 외양이 억압적이다, 남산 조망을 가린다, 외부인이 다니기

낙원빌딩 5층에서 북쪽을 바라본 풍경

매우 넓은 5층 발코니

리씽킹 서울
Rethinking Seoul

에 1층이 너무 컴컴하다는 이유로 철거를 주장하는 것은 온당하지 않다. 특히 남산 조망권을 이유로 철거를 주장하는데, 이 주장이 타당하다면 15층인 낙원아파트 바로 옆에 위치한 24층짜리 호텔은 어떻게 해야 하나.

낙원상가와 아파트는 건축적 리터치retouch를 통해 외압적이고 어두운 느낌을 충분히 바꿀 수 있다. 기존 커뮤니티를 해체시키지 않고 건물을 충분히 활용할 방법이 있다. 예를 들어 낙원아파트는 조망이 환상적인데, 상가 꼭대기층 위 테라스를 새로운 용도로 활용하는 것이다. 이미 4층 낙원상가 영화관 앞 테라스는 야외 공연장으로 이용되고 있다. 주민 동의를 전제하에, 5층 테라스 역시 다양한 용도로 사용 가능하다. 수영장으로 사용하면 대도시 한복판에서 아름다운 산과 전통과 현대 양식이 어우러진 건축물들을 함께 바라보며 수영을 할 수도 있을 것이다.

많은 사람들이 최근 지어진 싱가포르의 마리나베이 샌즈 호텔에 찬사를 보낸다. 이곳은 지하에 위치한 카지노와 쇼핑몰 등 다양한 기능을 한 곳으로 모아 IR(Integrated Resort, 복합리조트)이라는 새로운 개념의 도시 개발전략 아래 개발되었다. 2008년 세계경제가 위기에 처한 상황에서도 많은 관광객들을 싱가포르에 불러 모은 원인이 되었다.[40] 또한 고난도의 건축기술이 활용되었다는 점과 57층 꼭대기에 위치한 수영장, 그리고 수영장에서 바라보는 정경은 이곳을 방문한 많은 사람들에게 감탄을 자아내게 만든다.

싱가포르가 새로운 건물을 건설하는 이유는 워낙 보여줄 관광자원이 부족하기 때문이다. 싱가포르에 남아 있던 과거 전통 양식의 건축물은 대부분 사라졌으며, 그나마 남아 있는 전통 중국식 건물은 몇 채 되지 않는다.[41] 사실 싱가포르는 실질적인 역사가 200년도 채 안 되는 바닷가에 위치한 작은 도시국가에 불과하다. 이 도시국가는 인접힌 말레이시아처럼

왼쪽의 큰 건물이 마리나베이 샌즈 호텔   특이하게도 호텔 꼭대기층에 수영장이 있다.

대단한 자연자원이 있는 것도 아니며, 한국과 중국의 고궁처럼 역사자원 또한 거의 없다. 결과적으로 역사·문화·자연자원 어느 것 하나 풍족하지 못한 싱가포르의 선택은 차별화를 위해 세계에서 보기 드문 메가스트럭처를 건설하는 것이다. 따라서 싱가포르가 현대식 건물을 새로 지었다고 우리가 따라할 필요는 전혀 없다. 서울의 역사·문화·자연자원은 싱가포르와 비교도 안 될 정도로 풍부하기에, 기존 자원을 활용하여 새로운 기능을 추가해 경쟁력을 높이면 된다. 하지만 우리는 이미 오진암을 부수고 비싼 외양으로 둘러싸인 현대식 호텔을 건설하였고, 역사·문화적으로 의미가 있는 낙원상가 철거를 주장하고 있다. 과연 철거가 해답인가?

  미래의 낙원상가는 경복궁-북촌-인사동-익선동 166-종묘-창덕궁으로 이어지는 중요한 매개체이자 앵커가 될 수 있다. 특히 인사동에서 익선동 166번지를 이어주는 연결고리로서 중요한 역할을 담당할 것이다. 우리가 낙원상가를 또 다른 관점에서 바라볼 특별한 이유다.

리씽킹 서울
Rethinking Seoul

역사, 문화,
유동인구 삼박자를 갖춘 익선동

활성화가 잘된 상권에는 크게 세 가지 성장 요인이 있다. 북촌, 인사동의 사례처럼 독특한 역사자원을 바탕으로 성장하기도 하며, 홍대처럼 문화적인 요소가 성장을 이끌기도 한다. 만약 역사·문화자원이 없다면 엄청난 유동인구가 강력한 상권을 만들기도 하는데, 대표적인 예가 강남역과 삼성역이다. 그리고 활성화된 상권의 경우 일반적으로 지형이 평지인 경우가 매우 많다.

익선동은 북촌과 유사한 한옥 밀집지역이지만 북촌에 비해 건물의 아름다움은 다소 덜한 것이 사실이다. 그리고 건물 규모가 너무 작은 것 역시 약점일 수 있다. 하지만 역으로 보면 세련되고 깔끔한 북촌과는 달리 서민들의 실제 주거공간이란 점에서 또 다른 매력을 엿볼 수 있다.

> "지금이야 북촌이 세련되어 보이지, 2000년대 초 이전(북촌이 정비되기 전)에는 북촌 한옥이나 여기 익선동이나 한옥 보존 상태에 별 차이가 없었어요. 오히려 지하철 접근성이 좋다고 익선동 한옥이 더 비쌌습니다."
> - 익선동 소재 OO부동산 대표 인터뷰, 2012년 11월 12일

따라서 익선동의 환경을 잘 정비한다면 북촌 수준으로 끌어올리는 것도 충분히 가능하다.

관광객들은 세계적 건축가가 디자인한 종로타워, SK타워를 보기 위하여 서울에 오는 것이 아니다. 조선의 역사를 간직한 경복궁, 창덕궁의 비

2000년 당시 북촌의 모습(서울시 홈페이지 자료)

원, 한국의 전통과 근대 문화가 담긴 북촌과 삼청동 등 한국의 역사와 문화를 경험하고 소비하기 위해서 방문하는 것이다. 따라서 익선동에 신축된 현대적 비즈니스호텔이 서울의 경쟁력을 높이는 것이 아니라, 익선동의 초라한 한옥을 보전하고 활용하는 것이 서울의 경쟁력을 높이는 핵심이다.

　북촌이 활성화되기 시작한 것은 불과 10년 전, 2002년 이후부터다. 1995년 현대갤러리가 북촌에 자리를 잡으면서 삼청동 주변에 미술관들이 생기기 시작하였으나, 2002년 이전까지는 상점의 증가가 눈에 띄지 않아 상권이 활성화되었다는 인상을 주지는 않았다. 실질적인 변화는 2002년 이후 삼청동길 주변에 상점들이 많이 생기면서 시작되었다. 그리고 익선동의 좁은 골목과 분위기가 흡사한 화개길을 따라 작고 독특한 상점들이 생겨났다. 이러한 상점들은 매우 다양한 업종이었는데, 레스토랑, 카페, 옷가게, 공방, 갤러리, 박물관, 디자인스튜디오, 아트숍, 수공예가게, 갤러리와 카페가 혼합된 미술관 등이 대표적이다. 그리고 상점을 운영하는 사람은 고학력자가 많았다. 그들이 북촌을 선택한 이유는 한옥을 비롯한 전통 문화유산과 현대문화와 예술이 어우러진 장소였기 때문이었다.[42] 이런 상점 운영자들의 관점에서는 현대적인 건물과 같은 물리적 자원보다는, 환경과 문화와 예술과 같은 비물리적 자원이 자신의 상점 입지에 최우선 고려사항이었다.

만약 삼청동의 활성화를 이끈 상점 운영자들의 관점으로 본다면, 익선동은 가능성이 무궁무진한 지역이다. 익선동은 전통적인 한옥단지와 더불어 이미 주변에 독특한 비물리적 자원들이 존재한다. 과거 요정이었던 오진암의 영향으로 한복과 국악 관련 상점들이 성업했고, 지금까지 남아 있다. 그리고 서울시가 돈화문로에서 국악예술제를 개최하면서 십수 년 전부터 국악기 관련 상점이 점점 늘어나는 추세이며, 전통 예술인과 국악인의 연구실이 익선동 주변에 밀집해 있다. 돈화문로의 다른 이름이 국악로인 것에서도 이를 알 수 있다. 변화는 지금도 감지된다. 이곳은 수십 년 된 떡방과 전통음식점, 공방, 창의적 소매점 등이 조금씩 들어서면서 이미 전통예술과 전통문화의 메카로 성장 중이다. 주변 낙원상가의 음악 상권과 더불어 수십 년간 축적되어온 문화의 흔적과 기억이 서서히 발현 중이다.

익선동이 가지는 또 다른 강점은 바로 평평한 평지에 위치한다는 점이다. 상권의 확장에서 중요한 요소 가운데 하나는 지형이다. 사람들은 대개 평평한 곳을 선호한다. 이를 고려하면 익선동의 지역 활성화 가능성은 오히려 북촌보다 높다. 일반적으로 북촌을 가게 되면 계동에서 시작하여 언덕길을 따라 북촌을 들른 후 삼청동에 즐비한 카페에서 차를 한 잔 마시고 주변의 물건을 구입한다. 북촌에 작은 공방과 갤러리들이 다수 존재하지만 사람들의 소비행위는 주로 삼청동에서 일어난다. 북촌에 올라 힌눈에

익선동 인근의 한복집과 전통 공방, 국악인 사무실

보이는 시내와 인왕산의 아름다움을 만끽하며 북촌의 골목을 거닌 후, 쇼핑과 식사는 삼청동으로 내려와서 하는 것이다.

만약 평지가 아니어도 압도적인 유동인구 또는 사람들을 끌어들일 만한 문화·역사자원이 있다면 지형은 큰 문제가 안 될 수 있다. 하지만 동일한 조건이라면 사람들은 언덕을 오르내리는 것보다는 평지를 선호한다. 쇼핑한 물건을 양손에 들고 언덕을 오르내리는 것은 부담스럽기 때문이다. 서울에 이름난 상권 중 언덕에 위치한 상권이 있는지를 생각해보자. 특급 상권인 명동, 동대문, 강남, 신촌, 이대 그리고 최근에 뜨고 있는 가로수길 등 대부분의 상권은 평지에 형성된다.

익선동이 잘 알려지지 않은 곳이라 접근성이 낮으리라 생각하기 쉽지만, 사실 지하철 1호선, 3호선, 5호선 역이 동시에 지나는, 서울에서도 흔치 않은 지역이다. 따라서 지역 활성화를 위한 기본적인 요건인 유동인구의 접근성 측면에서도 아주 높은 가능성을 가지고 있다.

익선동은 역사·문화자원, 수많은 유동인구, 평지라는 성공요인을 동시에 갖춘 가능성의 장소다. 한국의 근대 모습을 간직한 서민 한옥 주거단지라는 익선동 166번지의 가치를 보전하는 방향으로 지역을 활성화시킨다면, 서울의 새로운 명소, 서울의 티엔즈팡이 될 가능성이 매우 높다. 그리고 경복궁-북촌-인사동으로 이어지는 탐방경로가 익선동을 거쳐, 순라길과 종묘, 아니 더 나아가 광장시장-동대문 패션타운까지 이어질 수 있을 것이다.

재개발의 위협 속에

《카페 서울》이라는 한일합작 영화는 익선동 소재의 한 전통 찻집에서 한 달여에 걸쳐서 촬영되었다. 이 영화는 재개발로 인해 언제 헐릴지 모르는 한 떡집에 대한 이야기로, 전통적 가치의 보존과 경제적 이익(재개발) 간의 갈등을 보여주면서 우리 것의 소중함을 일본인의 시각에서 바라보았다. 우리는 개발이 곧 경제적 이익이라는 잘못된 공식 아래 우리가 가진 가치를 부수고 있는 데 반해, 오히려 제3자인 일본인이 이런 현실을 안타

익선동 소재 전통찻집 뜰안의 내부 모습

깝게 바라보는 것이 영화의 주제이자 우리의 현주소인지 모른다.

"어느 날 일본인 기자가 와서 한참 앉아 있다가 갔어요. 그리고 얼마 후, 일본 영화관계자가 찾아와서 영화 촬영장소로 쓰게 해달라고 부탁하더군요. 한 달에 걸쳐서 영화를 찍었고, 이후부터 영화 때문에 일본인 여성들이 자주 찾습니다. 많은 사람들이 단골이 되어 찾아오고 있고, 지금은 중국인 관광객들도 오고 있어요."
- 익선동 소재 전통찻집 '뜰안' 대표 인터뷰, 2012년 10월 20일

하지만 역사성을 간직하고 독특한 매력을 함께 갖춘 익선동 166의 현실은 그리 녹록지 않다. 영화 속 설정이 그대로 진행 중이기 때문이다. 2013년 현재, 익선동은 2000년대 초반 결정된 재개발 계획에 묶여 있다. 사실 익선동은 1990년대 이후 지속적으로 재개발 철거의 위협 속에 수

리씽킹 서울
Rethinking Seoul

부결된 2010년 10월 익선동 도시환경정비계획 조감도(서울특별시 종로구 의회 제203회 제2차 본회의 〈익선도시환경정비구역 변경지정 안에 관한 의견 청취 심사 보고서〉 자료)

난의 시간을 겪어왔다. 1980년대 초 서울이 빠르게 성장하던 시절, 미래 서울의 성장을 담보하려는 여러 계획안들이 나왔다. 당시 서울대 환경계획연구소에서는 경운동, 종묘, 연지동, 충신동 등과 더불어 익선동 지역의 역사적 가치를 보전하고 개발을 지양해야 한다는 의견을 제시하였다.[43] 하지만 종로구는 1998년 지리적 이점과 개발 논리 속에서 대대적인 도심재개발 계획을 발표하였고, 익선동 일대를 재개발 지구로 지정하였다. 다행히 다음해 도시계획위원회는 이 계획안을 부결시켰다.

그러나 불과 3년 뒤인 2002년 종로구는 다시 익선동 재개발 계획을 발표하였고, 2004년 도시계획위원회는 조건부로 재개발 계획안을 찬성하기에 이르렀다. 재개발 계획안의 내용은 익선동 166 한옥단지를 철거하고 280가구의 14층 높이 아파트와 관광호텔, 오피스텔, 근린생활시설을 건설하는 것이었다. 그리고 2007년 12월에는 용적률을 무려 798%로 상승시켜 정비계획 변경 신청이 진행되었고, 2010년 10월 익선동 도시환경정비지역은 용적률 620%로 확정되었다. 하지만 여러 우여곡절 끝에 2010년 10월 17차 도시계획위원회는 익선동 재개발을 부결시켰다.

다행히 아파트 단지로의 재개발은 멈춘 듯하지만, 미래를 장담할 상황은 아니다. 2000년대 들어 역사적 자원으로서의 익선동 166의 현실은 매우 암울하였고, 지금도 전혀 안심할 상황은 아니다.

여기서 무시해서는 안 될 사항은 지역 커뮤니티의 의견이다. 여기에는 역사·문화적 가치를 인정하기에 부수면 안 된다는 의견과 더불어 너무나 살기 불편하기에 또는 경제적으로 어렵기에 어떻게든 개발을 해달라는 의견 모두를 포함한다. 특히 절대로 간과해서는 안 될 부분은 경제적 형편 때문에 개발에 찬성하는 사람들의 의견이다. 단순히 역사적 가치가 있기에 "모든 것을 보존하고 사십시오"라고 간단하게 말할 사항이 아니다. 지역주민들이 느끼는 불편과 재산권 행사 제약과 같은 문제점은 꼭 개선되어야 한다. 이는 그들에게 합리적인 보상을 제시해야 한다는 의미다.

"저는 익선동내 비교적 큰 한옥에 오래 살았습니다. 부모님 세대부터 결혼해서 중학생 자식을 둔 현재까지 살고 있으니까요. 재개발이 될 거라는 소문이 있었던 십수 년 전에는 저도 사실 재개발에 찬성했어요. 그리고 재개발이 곧 된다고 하기에 집수리도 제대로 안 했죠. 지붕 고치는 데 천만 원이 들어가는데, 재개발이 곧 된다면 할 필요가 없죠. 하지만 그게 벌써 20년이 됩니다. 서울시가 재개발한다고 지역 묶어놓은 뒤에 지역이 완전히 쇠퇴했어요. 20년 전에는 익선동 한옥의 상태가 북촌보다 훨씬 좋았습니다. 농담으로 북촌 한옥은 할머니

떡볶이 살 돈 아끼면 살 수 있다고 할 정도였어요."
- 익선동 주민 인터뷰, 2013년 5월 10일

재개발하면 좋은 집에서 살 수 있다는 정부당국 이야기를 믿은 대가가 익선동의 쇠퇴였다면, 그 책임을 주민들이 짊어져야 하나? 물론 이는 단순한 이슈가 아니다. 재개발 소식을 듣고 투기 또는 투자 차원에서 집을 구입한 사람들도 있기에 누구를 보상하느냐는 어려운 문제다. 그럼에도 정부정책의 실패로 현존하는 가장 오래된 한옥집단지구가 쇠퇴하고 있다는 사실은 자명하다. 그리고 주민들은 이에 대한 명확한 비전을 요구한다.

"재개발로 한 20년이 흐르면서 뉴타운 개발의 잘못된 점도 뉴스로 알게 되고, 재개발 찬성이었다가 중립이나 반대로 돌아선 분들도 있어요. 저도 그렇고요. 제가 원하는 것은 한옥을 보존할 수 있는 충분한 지원이 존재하고, 미래의 익선동이 어떤 모습일지에 대한 비전을 제시한다면 한옥에서 살고 싶어요. 한옥에서는 봄, 여름, 가을, 겨울이 다 보여요"
- 익선동 주민 인터뷰, 2013년 5월 10일

따라서 지역 커뮤니티의 의견을 중시하고 지역을 보전하면서 지역을 활성화시키는 전략, 그러면서 지역 커뮤니티에게도 이익이 돌아가는 구조를 만들어야 한다. 이런 전략에는 BID(Business Improvement District, 상업활동 촉진지구)와 HRTC(Historic Rehabilitation Tax Credit, 역사건물 재생 세액공제), TDR(Transfer of Development Right, 개발권 이양), TIF(Tax

Increment Finance, 조세 담보금융) 등 여러 정책 대안을 복합적으로 고려할 수 있다. 이에 대한 자세한 설명은 에필로그에서 다루겠다.

익선동 166은
거대한 잠재력을 지닌 곳

20세기 최초 디벨로퍼가 북촌보다 앞서 건설한 현존하는 가장 오래된 한옥집단지구, 피맛길과 고려시대 옛 골목이 존재하는 땅, 우리 음악 예술인들이 밀집한 클러스터, 지역 커뮤니티가 살아 숨 쉬는 곳, 그리고 북촌-삼청동-인사동-종묘-창덕궁이라는 역사지구의 정중앙.

    위대한 스토리와 잠재력이 있는 땅은 기억에서 지워졌고, 거대한 메가스트럭처가 이를 대신하려는 무모함이 아직도 건재하다. 21세기 대한민국 수도 서울, 중국 상하이 티엔즈팡의 실험이 성공하고 있음을 바로 옆에서 목도하고 있음에도 침묵하고 있다. 역사의 보전과 경제적 이익을 동반할 대안이 절실히 필요한 이유다.

3.1절 독립의 길
(3.1. independence Trail)

보스턴은 미국의 역사가 시작된 곳으로 미국 독립선언서가 낭독된 건물과 미국 건국의 아버지들이 연설한 장소 등이 여전히 남아 있다. 그리고 보스턴시는 '보스턴 자유의 길(the Boston Freedom Trail)'이라는 미국의 건국 역사와 관련된 명소들을 이어주는 길을 만들어 역사성을 기리고 있다.

보스턴 자유의 길

미국 독립선언서가 낭독되었던 보스턴의 옛 주의사당

보스턴 자유의 길을 나타내는 길 위의 표식

보스턴 자유의 길은 새로운 거리를 인위적으로 다시 만든 것이 아니라 기존의 도로에 표식을 세우고 표식과 표식을 연결시킨 것이다. 보스턴 자유의 길의 총 길이는 2.5마일(4킬로미터) 정도 되지만, 보스턴 다운타운(금융지구 인근)을 따라 걷는 길이어서 다양한 볼거리가 있고, 각 건물과 장소마다 역사적인 사건(story)이 존재하기에 단순한 길을 걷는다는 의미를 넘어 보스턴과 미국의 역사에 대한 스토리텔링을 경험할 수 있는 매력을 지닌다. 따라서 후세의 교육 목적뿐 아니라 관광상품화까지 되어 많은 사람들이 이 길을 따라 걷는 모습을 종종 보게 된다.

활성화된 북촌은 기존의 상권과 달리 골목길 자체가 매력으로 작용할 수 있음을 알려주었다. 그리고 골목길 구석마다 다양한 스토리를 발굴하려는 노력들이 끊임없이

전개되고 있다. 하지만 그 스토리가 단편적으로 건물 또는 특정 장소 단위에서 그치는 측면이 보인다. 이에 반해 보스턴 자유의 길은 도시의 여러 장소들을 네트워크로 연결하여, 각 장소뿐 아니라 도시 자체에 대한 매력과 연결된 스토리로 제공한다.

북촌 일대는 보스턴 못지않은 스토리텔링의 장소와 역사가 존재한다. 이들을 엮어서 3.1. 독립의 길(3.1. Freedom Trail)이라는 새로운 스토리의 길을 만들 수 있다. 3·1운동은 처음에 천도교계와 기독교계, 그리고 학생들을 중심으로 개별적으로 추진되다가 천도교 측과 기독교 측을 중심으로 운동의 일원화를 이루어내면서 급류를 탔다. 그리고 그 주요 거점이 바로 종로와 그 배후 주거지였던 북촌이었다. 하지만 아쉽게도 많은 역사적 건물들이 사라져 1919년 독립운동의 역사성을 느끼는 데 큰 한계가 있다. 보스턴이 250년 전 역사적 사건과 건물을 보존하는 데 비해, 우리는 불과 100년 전 역사적 건물들을 부순 것은 부끄러운 일이 아닐 수 없다.

3·1운동을 거사 준비와 추진 과정을 따라 정리해보면 아래와 같은데 이 내용은 장규식의 논문 〈일제하 종로의 민족운동 공간〉의 내용을 바탕으로 정리한 것이다.

계동 1번지 중앙고보(현 중앙고등학교)
1919년 1월 중순 보성학교 출신 일본 동경 유학생 송계백이 중앙학교를 방문하여 교사 현상윤과 교장 송진우에게 동경 유학생들의 거사 준비상황을 보고하고 2.8독립선언서 초안을 전달.

재동 68번지 보성고보 교장 최린의 집(원형이 보존되어 있지 않음)
3.1운동의 초기 조직화 논의가 있었던 곳. 송계백의 방문을 계기로 최

린, 현상윤, 송진우, 최남선 등이 수차례 회동하여 거사를 모의함. 독립선언서에 서명할 민족대표를 교섭하는 한편 이승훈을 통해 기독교 측과의 합작을 시도. 1919년 2월 21일 이승훈과 최남선, 최린이 회합하여 기독교 측과 천도교 측의 합작 재시도.

계동 130번지 김성수의 집(원형이 보존되어 있지 않음)

최남선의 편지를 받고 2월 11일 상경한 이승훈이 현상윤의 중개로 송진우와 회합. 이승훈이 송진우의 거사 참여 제의를 수락함으로써 기독교계와 천도교계의 일원적 거사 준비의 발판을 마련.

소격동 133번지 김승희의 집(원형이 보존되어 있지 않음)

2월 17일 재차 상경한 이승훈과 송진우 회합. 송진우가 미온적인 태도를 보이고 천도교 측과 연락이 닿지 않자 이승훈은 기독교계 단독 거사를 고려함. 2월 21일 최린의 집에서 이승훈과 최린, 최남선 전격 회동하여 기독교와 천도교 측 합작 재시도.

송현동 34번지 천도교 중앙총부(현 덕성여중)

2월 24일 이승훈 함태영이 최린과 함께 손병희를 방문. 기독교 측과 천도교 측의 합동이 성립되어 3·1운동의 일원화가 이루어졌다.

계동 43번지 한용운의 거처

최린과 한용운 회합. 불교계 참여.

종로2가 9번지 YMCA회관(원형이 보존되지 않고, 1967년 재건축)
박희도가 지도하는 학생 YMCA를 중심으로 하는 학생단 독립운동의 진원지.

관수동 144번지 중국음식점 대관원(원형이 보존되어 있지 않음)
1월 27일 중앙 YMCA 학생부 간사 박희도의 주선으로 시내 전문학교 학생대표 회합. 학생단 거사에 대해 처음으로 의견 교환.

수송동 44번지 보성사(현 조계사 서편 경내)
2월 27일 밤 독립선언서 2만 1천 매 인쇄. 여기서 인쇄된 독립선언서는 경운동 78번지 이종일(보성사 사장)의 집으로 운반되어 다음날 각지로 배포.

가회동 170번지 손병희의 집(철거됨)
2월 28일 민족대표 33인 가운데 23인이 지면을 익히고 독립선언식의 절차를 협의하기 위해 회합. 인사동의 명월관 지점 태화관으로 거사 장소 변경.

인사동 137번지 승동예배당
2월 28일 전문학교 학생대표들 회합. 학생 조직 동원을 최종 점검하고 독립선언서의 배포를 분담.

인사동 154번지 태화관(원형이 보존되어 있지 않음)
3월 1일 오후 2시, 33인 중 29인이 참석한 가운데 독립선언식 거행.

종로2가 38번지 탑골공원

3월 1일 오후 2시, 학생과 시민들이 운집한 가운데 별도의 독립선언식 거행. 경신학교 출신의 정재용이 공원 팔각정 단상에 올라 독립선언서를 낭독 후 독립만세를 부르고 태극기를 흔들며 시위에 돌입. 거족적인 민족운동의 시발점.

이와 같이 3.1운동은 북촌 일대에서 활발히 논의되었고, 태화관과 종로 탑골공원에서 독립선언서를 낭독하면서 시작되어 전국으로 확대되었다. 여기서 아쉬운 점은 독립선언서를 낭독한 자리만은 지켰어야 하는 게 아닌가라는 점이다. 사라진 태화관 이외에도 위에 언급된 많은 역사적 장소들이 철거된 것은 더욱 아쉬운 점이다. 미래에 원형을 다시 복원한다는 가정 아래 3.1. 독립의 길의 주요 동선을 그리자면 다음과 같다.

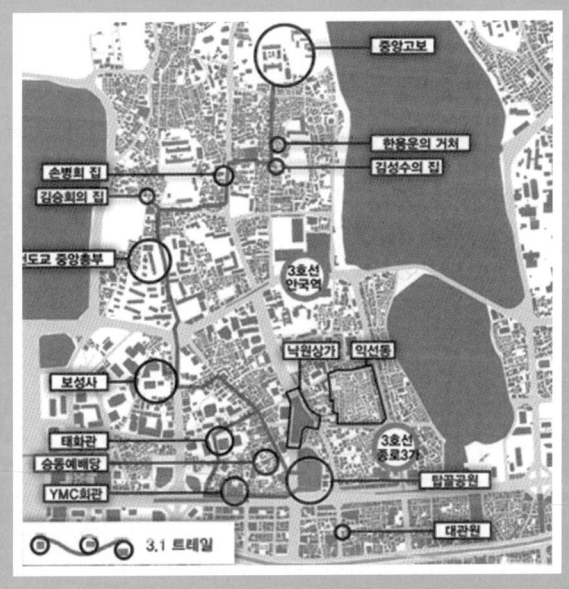

제3장 — 구로공단 가리봉동 쪽방촌

과거 구로공단이 대한민국 수출 전초기지였던 시절을 기억하는 세대에게 구로는 후지고 못사는 동네라는 인식이 남아 있을지 모른다. 하지만 구로에 대해 젊은 세대가 가진 이미지는 기성세대와는 사뭇 다르다. 그들에게 구로는 첨단 오피스 밀집지역이자, 마리오아울렛으로 대표되는 쇼핑의 메카다. 특히 쇼핑과 관련해서는 옛 경방공장이 위치했던 타임스퀘어, 대성산업이 위치했던 디큐브씨티 그리고 마리오아울렛 등 구로와 인근에 위치한 대형 아울렛들이 이미 서울 서남권 지역을 평정했다.

구로는 더 이상 과거 굴뚝산업 시절 공장들이 밀집했던 지역도, 산업역군이라 불렸던 공장 노동자들이 몰려 살던 동네도 아니다. 구로는 현재 중산층 타운, 첨단 오피스 건물 및 쇼핑의 메카로 변모 중이며, 과거의 기억은 이제 소멸되었다.

구로는 1980년대 후반 우리나라 전체 수출 비중의 10%를 담당하기도 한 '한강의 기적'을 상징하는 장소였다.[44] 물론 열악하고 조악한 산업시설과 주거환경, 노동자 탄압 등이 존재했던, 어쩌면 기억에서 지우고 싶은 장소일지 모른다. 하지만 구로는 세계 산업사적 관점에서 살펴보면 대단한

첨단 오피스 건물과 쇼핑몰이 들어선 구로공단의 현재

리씽킹 서울
Rethinking Seoul

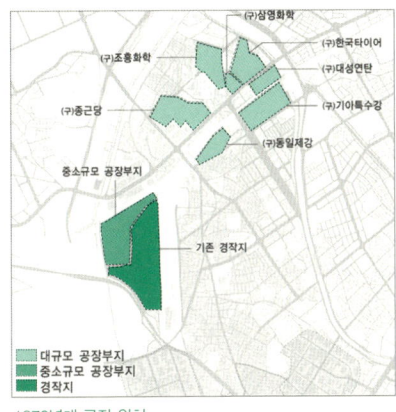
1970년대 공장 위치

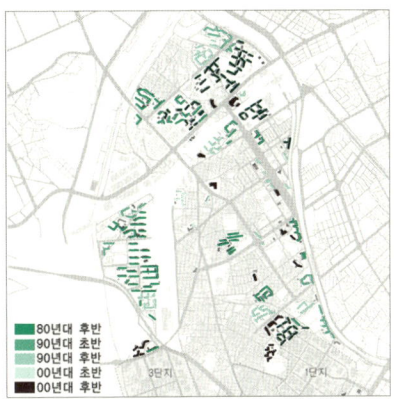
2013년 현재 구로구 아파트단지 현황

스토리를 갖고 있는 장소다. 일본을 제외한 아시아와 아프리카 대부분의 국가는 식민지 과정에서 산업화를 경험하였다. 하지만 이들 가운데 한국과 같이 전 세계를 무대로 수출산업을 부흥시켜 선진국의 대열에 든 국가는 드물다. 그리고 구로는 이러한 경제 발전의 시발점 역할을 담당하였다. 구로는 단순히 낡고 허름한 공장단지가 아니라, 한국의 현재를 구축한 발판이 된 세계 산업사에 기억될 만한 중요한 장소다.[45]

변모하는 구로의 상황을 극명하게 보여주는 것은 대규모 아파트단지의 등장이다. 그림에서 보듯 종근당제약 공장(78,621㎡, e-편한세상 2,298세대), 조흥화학 공장(56,411㎡, 동아아파트1,908세대), 기아특수강 공장(53,761㎡, 데시앙아파트1,252세대), 대성연탄 공장(35,000㎡, 디큐브시티) 등 무려 326,153㎡ 부지의 공장이 8,220세대의 아파트단지로 변화하였다.

하지만 아파트단지의 갑작스런 등장과 같은 물리적인 변모보다 더 놀라운 것은 아파트시장의 질적인 측면이다. 2008년 이후 구로지역 아파트 가격은 굉장히 안정적인 모습을 보여주고 있다. 구로지역의 대표주자라 할 수 있는 신도림동의 아파트 가격은 2008년 글로벌위기로 인하여 내지

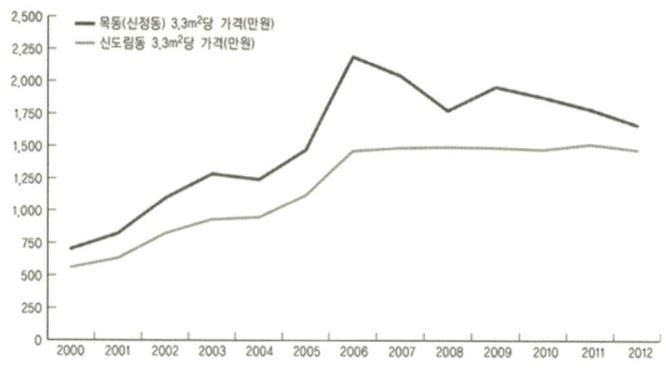

신도림과 목동의 아파트 가격 변화(부동산114 REPS 자료)

동과 도곡동 등 서울 부촌의 아파트 가격이 급락하는 동안에도 가격은 거의 떨어지지 않았다. 오히려 인근 목동(신정동)의 아파트 가격이 고점 대비 24% 폭락한 것에 비해 구로동과 신도림동의 가격 변화는 거의 없었다.

이는 양질의 산업구조(오피스 타운으로의 변화)가 확립되고, 편의성 높은 쇼핑 환경이 조성되면서 구로지역의 삶의 질이 높아지면서 나타난 추세다.[46]

이런 긍정적인 변화를 더욱 선명하게 드러내주는 또 다른 지표는 바로 교육이다. 구로구에 위치한 신생 명문 신도림고의 고교 경쟁률은 놀라움 그 자체다. 구로구에 속한 이 고등학교의 경쟁률은 2010년 17.1 대 1(서울시 전체 1위), 2011년 19대 1(서울시 전체 3위), 2012년 12.4 대 1(서울시 전체 4위)을 기록하였다. 교육을 중시하는 중산층 타운으로 변모하지 않았다면, 이런 현상은 일어나지 않았을 것이다. 서울시 전체 아파트 가격이 급락하는 와중에도 안정된 가격을 유지하는 상황, 그리고 구로구 소재 고등학교의 엄청난 경쟁률은 중산층 타운으로 변화하고 있는 구로의 현주소를 여실히 보여준다.

구로공단, 봉제 공장에서 IT벤처타운으로

구로지역이 사람들의 관심 밖 지역에서 중산층 타운으로 거듭나는 와중에 구로공단의 산업구조 역시 상전벽해와 같은 변화를 경험하였다. 구로공단의 산업구조는 과거 봉제와 섬유 등 경공업 중심에서 최근 소프트웨어, 디자인, 멀티미디어 등 IT산업 중심으로 재편되고 있다.[47]

1980년대 후반 이후 침체기에 빠졌던 구로공단 고용인력은 1987년 당시 7만 3천 명에서 1998년 2만 5천 명으로 감소하였다. 하지만 2000년 전후로 산업 구조가 고도화되며 급격한 성장을 구가하고 있으며, 2011년 현재 고용인력은 14만여 명에 달한다. 13년 사이에 무려 5배 이상의 고용 성장을 달성한 것이다. 그리고 이들 대부분은 과거의 저학력, 저소득 계층이 아닌 고학력, 고소득 계층이다. 이와 더불어 사업체 수 역시 폭증하

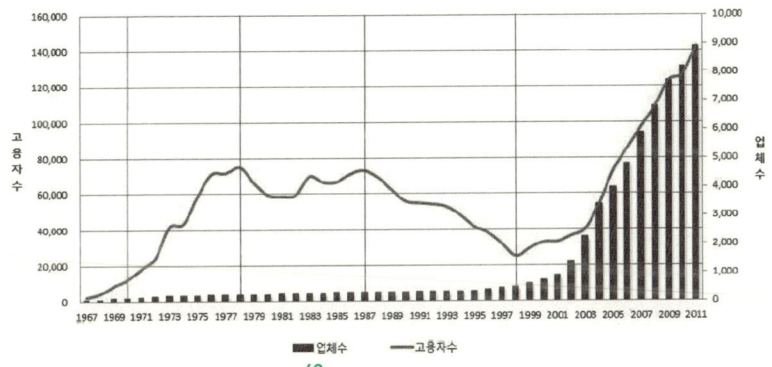

구로공단의 고용자와 업체 수 변화[48]

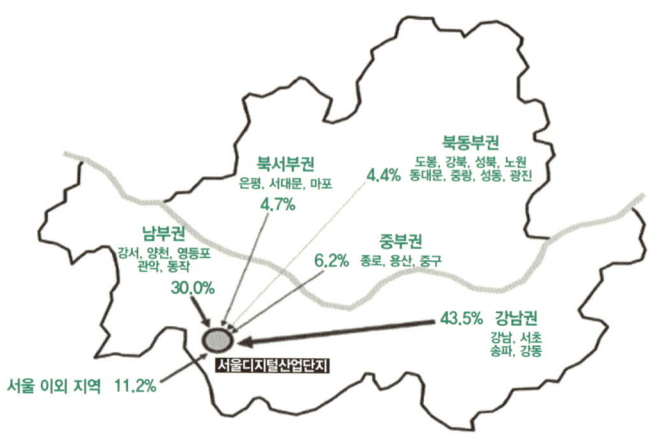

2000~07년에 구로단지로 이주해온 벤처 인증업체의 이동경로(《구로공단 부활의 의미》, 《CEO Information》 제608호)

였는데, 1990년대 후반 IT산업 집적이 시작되면서 같은 기간 무려 20배에 가까운 성장을 기록하였다.

    이러한 산업의 구조 변화는 물 흐르듯 자연스럽게 이루어진 것은 아니다. 구로는 1970~80년대 고도성장기(한때 연 성장률이 30%에 이름)를 구가하였으나, 1980년대 말 이후 1990년대에는 급격한 침체를 겪었다. 1990년대 말 IMF를 겪으면서 낙후된 시설과 산업구조 변화에 대한 요구가 생겨나면서 구로공단은 새로운 방향을 모색하기 시작한다. 1999년 국내 벤처 집적시설 1호인 키콕스KICOX 벤처타운 완공 후 530개 벤처 업체가 입주하면서, 구로는 중소 벤처기업 중심지로 산업 성격이 새롭게 변화하기 시작하였다. 특히 2000년대 후반에 들어서면서 과거 IT 벤처의 요람이라 여겨졌던 강남 테헤란밸리가 IT 클러스터라는 성격을 잃어가는 중에 구로는 강남 테헤란밸리를 압도하면서 IT 첨단 벤처기업들의 메카로 본격적으로 성장하기 시작한다. 2000년에서 2007년 사이 강남구 소재 벤처기업이 953개에서 828개로 감소한 데 반해, 구로의 벤처기업은 84개에서 859개로 급증하였는데, 구로단지에 유입된 벤처기업의 약 40%는 강남권에서 이주한 것으로 파악된다.[49]

이러한 성공에는 규제 완화에 따른 아파트형 공장의 대량 공급(1996년 수도권 공장 총량제에서 아파트형 공장 제외), 저렴한 임대 가격에 따른 가격 경쟁력, 서울이라는 입지와 교통 접근성, 집적화에 따른 네트워크 효과 등 매우 복합적 요인들이 작용하였다.

대한민국 패션1번지

서울 시내 거리 곳곳마다 수많은 SPA(Specialty retailer of Private label Apparel) 브랜드 매장이 있다. 자라, 유니클로, GAP, H&M, 포에버21, 스파오 등으로 대변되는 이들 SPA 업체들은 최신 유행 디자인을 즉각 반영하여 저렴한 가격으로 제품을 판매하는 이른바 패스트패션Fast Fasion을 추구한다. 따라서 SPA 브랜드의 가장 큰 특징은 기획-디자인-생산-유통-판매의 기간을 단축시켜, 소비자의 요구를 충족시킬 수 있는 시스템을 갖춘 것이다. 비단 SPA 브랜드뿐 아니라 일반 패션회사들도 기획-디자인-생산-유통을 빠른 시일 내에 할 수 있다면, 굉장한 경쟁력을 갖출 것이다. 따라서 이러한 기능들이 지리적으로 매우 가까운 거리에 몰려 있다면, 해당 지역은 여러 기업들이 선호할 것이다.

대한민국 패션 메카로 여겨지는 곳은 동대문이다. 의류 기획-생산-판매 기능들이 동대문 시장과 그 주변에 집석되었기에, 유행에 맞는 의류를

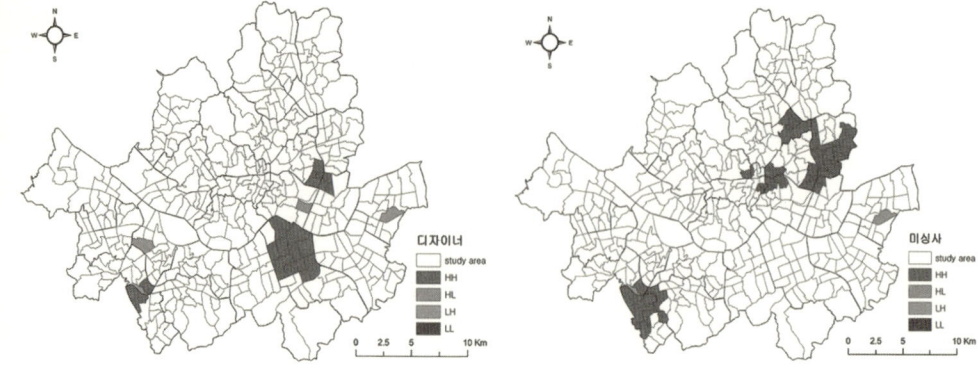

서울 시내 디자이너는 공간적으로 강남과 장안동, 구로지역에 몰려 있다.

서울 시내 패션 생산인력(미싱사)은 동대문 주변, 장안동, 구로지역에 몰려 있다. **50**

지속적으로 시장에 내놓고 있다. 하지만 디자인 베끼기 논란이 종종 일어나는 등 디자인 인력이 확실히 자리 잡지 못한 점, 많은 봉제공장이 여전히 가내수공업 형태로 운영되면서 제품 완성도가 고르지 못한 현실, 그리고 봉제공장 노동자들의 고령화 등으로 인해 동대문은 현재 여러 문제에 직면하고 있다. 패션 메카로서 동대문의 현재 위상을 부정할 수는 없으나, 현실적 문제들을 감안하면 동대문의 미래가 장밋빛만은 아닐 수 있음을 뜻한다.

하지만 구로지역의 패션산업은 성장 가능성 측면에서 동대문을 넘어서고 있다. 구로공단 시절부터 구로지역 내 패션산업은 대기업에 의한 공장화 생산 공정을 갖추고 있었기에 상당히 높은 품질의 의류 생산이 가능하였다. 그리고 2000년대 이후 구로지역에 마리오아울렛과 W몰 등 대형 의류 쇼핑몰들이 지속적으로 생겨나면서 서울의 남서부 패션상권의 핵심으로 성장하였다. 더더욱 중요한 부분은 고부가가치 영역인 디자인 분야 인력들이 구로지역에 다수 존재한다는 사실이다.

따라서 구로지역은 디자인과 높은 수준의 생산능력 그리고 유통채널까지 모든 것이 이루어지고 있는 서울 아니 대한민국 패션1번지이다. 한국계 사장에 의해 세계적인 SPA브랜드로 성장한 포에버21이 서울사무소를 삼성동에서 구로지역으로 옮긴 것은 패션1번지 구로의 위상을 알려주는 증표다.

라인강의 기적과 한강의 기적

해외에서는 도시 내 공장과 창고가 산업 구조화 과정을 겪는 동안 방치된 경우가 다반사다. 그러나 구로공단은 IT 클러스터로 바뀌는 와중에 상당수 건물이 재빠르게 오피스 건물과 창고형 매장 같은 새로운 용도로 탈바꿈되었다. 또한 지적도상에는 1970년대 건물로 표시된 곳조차도 건물의 외관은 현대식으로 바뀐 곳들이 대부분이다. 하지만 아직 구로 곳곳에 한

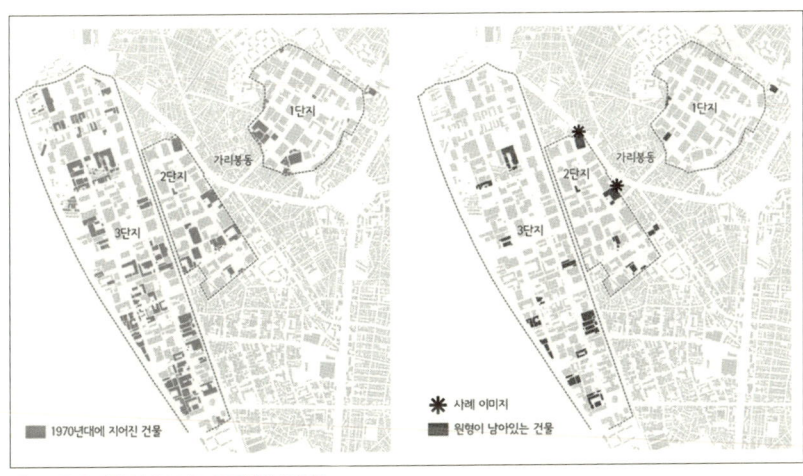

옛 구로공단 지역에 남아 있는 1970년대 건축물

아울렛이 있는 가산동 거리 사이의 낡은 건물

가산동 까르뜨니트 물류센터

국의 근대를 상징하는 유산들을 발견할 수 있다. 대표적으로 구로 정수장, CJ 공장, 코카콜라 부지, BYC 공장, 동부제강, 구로창고 등이 남아 있다.

사진 속 건물은 마리오아울렛과 새로 지어진 오피스 건물 사이에 위치하며, 1970년대 건물의 외관을 그대로 간직한 채 현재 패션매장과 창고로 사용 중이다. 그리고 까르뜨니트 물류창고에서도 구로공단 시절의 건물 외관과 굴뚝을 볼 수 있다.

사실 창고와 공장은 일반적인 오피스나 주택과 달리 높은 층고, 넓은 면적, 독특한 기계시설을 가지고 있다. 한옥은 일반적으로 조그만 규모의 공방이나 찻집 또는 레스토랑 등으로 활용하는 경우가 많은데, 이는 규모의 한계로 말미암아 내부 공간을 활용할 방법이 많지 않다는 점에서 기인한다. 쉽게 말해 한옥에서는 백남준의 설치미술 같은 큰 규모의 전시가 불가능하다. 그에 비해 창고와 공장 건물은 공간의 크기로 인해 활용도가 매우 다양하다. 또한 이러한 시설은 사람들에게 색다른 경험을 제공한다. 산업시설의 재활용은 폐허미 또는 숭고미라고 하는 새로운 미적 가치를 보여

뒤스부르크노드 파크 거리

뒤스부르크노드 파크 전경

졸퍼라인 탄광 지역 전경

깨진 유리창을 그대로 남겨둔 졸퍼라인의 공장

주기 때문이다. 일반적으로 미(aesthetic)라고 하면 아름다움만을 생각하지만, 사실 황량함과 허름함을 통해서 전해지는 미가 있다. 산업시설의 재활용은 기존과는 다른 미적 경험을 제공해준다.[51]

외국의 경우를 보면 버려진 공장과 창고 건물을 새로운 기능으로 탈바꿈시킨 사례가 매우 많다. 특히 유네스코 세계문화유산으로 지정된 라인강 주변 공업도시는 구로와 대비되는 대표적인 지역이다. 물론 장소적 특징이 다르기 때문에 라인강 주변 공업도시들의 전략을 그대로 구로공단에 적용하기는 힘들다. 구로공단은 이미 새로운 방향으로 성장하고 있기에 현실적으로도 가능성이 높지 않다. 그럼에도 라인강 주변 공업도시들이 보여준 전략은 우리에게 큰 교훈으로 다가온다.

과거 19~20세기 중반까지 독일의 라인강 주변에는 수많은 철광석과 석탄 광산이 분포하고 있었기에 유럽 최대 광공업 산지 역할을 하였다. 하지만 1980년대 이후 독일 광산업의 채산성이 낮아지면서 점차 쇠퇴하여, 실업자가 대량으로 양산되었고, 도시는 폐허가 되었다. 이러한 쇠퇴 현상은 한두 개 소도시 차원에서 일어난 것이 아니라 라인강 60km 주변 도시들에서 광범위하게 나타났다.

 이 광범위한 지역의 쇠퇴를 극복하기 위해 여러 대안이 모색되기 시작하였다. 우리의 경우라면 새로운 산업 유치나 새로운 도시 인프라 건설과 같은 건설 위주 정책을 펼쳤을 것이다. 하지만 독일은 매우 색다른 접근방식을 시도하였다. 독일 정부는 새로운 산업시설을 건설하기보다는, 기존의 낡은 시설을 문화와 교육 인프라로 재활용하는 방식을 선택하였다. 이를 위해 독일 중앙정부와 베스트팔렌주는 IBA 엠셔파크 프로젝트IBA Emscher-Park Project를 계획하여, 기존 시설을 보전하면서 창의적 문화산업을 도입하는 전략을 추진하였다. 더불어 각 장소가 갖고 있는 특징을 찾아내어 디자인을 통해 새로운 부가가치를 창출하였다. 기존 낡은 시설은 새로운 문화공간으로, 오염된 토양은 식물을 이용한 자연 치유의 교육현장으로 활용하였다. 그리고 허름하고 낡은 이미지, 부서진 유리창과 같이 위험스러운 시설조차 철거하지 않고 남겨둠으로써 그 자체로 폐허미를 느끼게 만들고, 또한 미래에 해결해야 할 과제로 남겨두었다. 이러한 노력의 결과로 졸퍼라인 탄광 지역(Zollverein Coal Mine Industrial Complex)은 근대 산업화의 가치를 인정받아 세계문화유산으로 등재되었다.[52]

삼우보세장치장 유감 + 가능성의 상실

2012년 겨울 구로공단에서 유감스러운 사건이 발생하였다. 당시 한국산

삼우창고 전경

2011년 12월 삼우창고 철거 당시 모습

삼우창고 부지의 위치

삼우창고 부지에 들어설 건물 조감도(해안건축 홈페이지 자료)

업단지공단과 구로구는 비즈니스호텔과 오피스 건물 신축을 위해 구로디지털1단지의 중심에 위치한 삼우보세장치장(이하 삼우창고)을 허물었다. 구로디지털1단지 내 거의 유일하게 남아 있는 근대 산업유산을 허문 것이다.

역사적 건축물의 보전에 대한 논의에 앞서, 구로디지털단지의 큰 문제점 중 하나는 여가를 즐기고 쉴 공간이 전혀 없다는 것이다. 미국의 실리콘 밸리, 프랑스 니스 인근 소피아 앙티폴리스 등 세계적인 벤처단지에는 업무 공간과 함께 휴식과 여가를 위한 공간이 있다. 하지만 구로디지털단지 내에는 일을 위한 공간인 오피스 건물만 있을 뿐, 함께 이야기를 나누거나 산책을 즐길 공간이 없다. 15만 명 이상이 일하는 지역에 밖으로 나와 편안히 대화를 나눌 공원조차 없다는 사실은 현대 한국의 팍팍한 일상을 보여주는 단면이다.

삼우창고를 허물지 않고 리모델링하여 공원으로 만들었다면, 이곳은 구로디지털1단지 중심이라는 위치적 장점으로 인해 수만 명의 노동자들에게 여유롭고 문화적인 삶을 제공하는 장소, 그리고 새로운 커뮤니티를 형성할 수 있는 장소로 기능했을지 모른다. 대형 오피스에 둘러싸였음에도 여가와 휴식 공간을 제공하는 맨해튼의 브라이언트 파크와 같은 역할을 삼우창고가 제공하였을 것이다.

어디서나 볼 수 있는 호텔과 오피스 건물보다는 구로디지털단지의 미래를 위해 더 나은 기능을 제공하였을 수도 있다. 만약 삼우창고를 중소 벤처들을 위한 기업전시관과 커뮤니티센터로 활용하는 경우라면, 한국 산업화 과정을 알려주는 의미 있는 장소로서의 가치도 창출하였을 것이다.

구로공단이 패션의 메카가 된 현실을 고려할 때, 창고 건물은 패션쇼장이나 쇼룸, 또는 파티장 등 창고와 전혀 다른 기능으로 활용될 수 있다. 창고와 공장이 창조적 문화예술 공간으로 재활용된 사례는 유럽과 미국 그리고 중국에서도 흔하다.

그리고 국내에서도 창고의 창조적 활용 사례가 서서히 나타나고 있다. 성수동 소재 대림창고는 패션쇼, 신차 발표회 등 각종 이벤트가 많이 열리는 장소다.

2013년 초 대림창고에서 열렸던 BMW의 신차발표회 모습(BMW KOREA 자료)

리씽킹 서울
Rethinking Seoul

직장인을 위한
도심 속 휴식처 브라이언트 파크

맨해튼에 위치한 브라이언트 파크Bryant Park는 대형 공원은 아니지만 주변 환경에 적합한 용도를 제공하기에, 센트럴 파크만큼이나 뉴욕 시민들에게 사랑을 받는 공원이다.

  브라이언트 파크 주변에는 많은 오피스 건물들이 위치하기에, 공원 디자이너는 중앙의 잔디밭 주변으로 가벼운 의자를 최대한 많이 배치하여 누구나 편하게 쉴 수 있는 공간을 만들었다. 또한 무료 인터넷을 사용하게 하여 공원에서 업무를 보고, 협력업체와 간단한 미팅도 가능하게 하였다. 그리고 온라인 커뮤니티들의 오프라인 모임 장소로 활용되면서 다양한 문화를 생산하는 공간으로도 활용 중이다. 젊고 창의적 인력이 많으며 다양

오피스 건물로 둘러싸인 공원 전경

공원 바로 옆에 위치한 도서관

간단한 미팅과 모임을 위한 공간

공원 내에서 벌어지는 다양한 커뮤니티 활동

한 온라인 커뮤니티가 활성화되어 있음에도 오프라인 모임을 위한 공간이 부족한 구로디지털단지와 비교되는 부분이다. 공원 옆 도서관에서 언제든 책을 볼 수 있고, 넓은 잔디밭에서는 세계적인 수준의 패션쇼와 쇼케이스가 열리기도 한다. 패션의 오랜 역사를 간직한 구로에도 꼭 필요한 유형의 공원이다.

기업 역사의 전시,
도요타 산업기술기념관

1924년 설립된 세계 1위 자동차 회사 도요타의 출발은 자동차가 아니라 방직이다.[53] 그리고 아직도 방직공장을 부수지 않고 보유하고 있으며 이를 기업박물관으로 사용 중이다. 기업의 역사적인 기록을 부수지 않고 활용한 것이다.

최근 국내에서도 기업박물관을 만드는 시도는 많으나, 아쉬운 부분은

도요타 산업기술기념관 전경

도요타 산업기술기념관 내부

기존 건축물을 이용하기보다는 새 건물 신축이 주를 이룬다는 점이다. 기업의 역사를 보여주는 장소라면 그 기업의 역사가 시작된 장소를 사용하는 것이 더 의미 있을 것이다. 현재 구로에 남아 있는 제일제당, BYC, 충청남도에 남아 있는 옛 장항제련소 등의 미래 활용 방안에서도 도요타 산업기술기념관이 주는 교훈은 매우 크다.

작은 위로와 즐거움,
창고형 카페

구로공단의 많은 건물이 없어지고 가리봉동조차 철거 위협에 있는 상황이지만, 그나마 과거의 흔적을 남기고 재활용하려는 노력이 서서히 나타나고 있는 점은 고무적이다.

지하철 구로디지털단지역 3번 출구로 나오면 빈티지한 분위기의 브런치 카페를 만날 수 있다. 이곳은 과거 방직공장으로 쓰인 건물로 얼마 전까지만 해도 사실 낡은 창고였다. 하지만 현재는 건물의 원형을 남긴 채 카페로 활용하고 있다. 과거 방직공장에 사용하던 가구들을 그대로 배치하여 시간의 흔적을 느낄 수 있게 하였다. 카페의 콘셉트는 '편안함과 추억'으로, 창고가 가진 건축적 특징과 분위기의 가치를 잘 살린 것이다.

"사람들에게 추억을 선물하는 공간으로 운영하고 싶다."
- 카페 사장 인터뷰[54]

아무도 의미 있게 생각하지 않았던 낡은 공장 건물을 활용하여 새로운 상업 공간으로 만들고, 이를 통해 사람들에게 과거의 향수를 제공하고 있는데, 이는 새롭게 신축한 현대적 건물에서 느낄 수 없는 편안함이다. 이 카페가 기존 시설을 이용했다면, 패션 아울렛 마리오는 최근 비록 철거되었지만 과거의 흔적인 굴뚝을 상징물로 만들었다. 비록 기억의 조각일 뿐이지만 굴뚝을 통해 과거 구로의 모습을 기억하려는 시도다. 이외에도 현재 금천구 지역 공단 내 패션 아울렛에서는 기존의 창고시설을 이용하여 창고형 아울렛을 운영 중인 곳도 있고, 사무실로 이용하기도 한다. 장소의 가치와 브랜드 가치를 함께 향상시키려는 노력이 민간의 힘으로 진행 중이다.

창고를 재활용해 만든 카페

카페 내부 풍경

세계적인 SPA 기업인 Forever21은 사무실을 2011년 말 강남구 삼성동에서 구로공단에서 과거 공장으로 사용했던 건물로 이전하였다. Forever21의 가산동 사무실에는 현재 의류산업의 핵심 기능을 담당하는 200여 명의 직원이 근무 중이다. 글로벌 패션 기업의 가산동 이주가 시사하는 바는 아주 크다. 과거 공장 이미지가 강한 구로가 패션이라는 새로운 문화로 탈바꿈하여 대한민국 패션1번지로 성장 중이라는 증거다. 다만 민간에서는 한국의 근대 유산을 적절히 이용하는 데 비해, 삼우창고의 예처럼 공공기관

과거 공장이었던 곳을 사무실로 사용하는 Forever21

은 한국의 근대 기억을 지우려는 점은 못내 아쉽다.

뉴욕 미트패킹 지구

미트패킹 지구는 뉴욕 맨해튼 서남부에 위치한 지역으로 도축장들이 밀집한 곳이다. 과거 이곳에는 250여 곳의 도축장과 정육업체가 존재하였으나, 1960년대 이후 침체기에 접어들었다. 그리고 침체된 이곳의 저렴한 임대료 때문에 소호와 웨스트 빌리지에서 쫓겨난 가난한 예술가들이 90년대부터 서서히 모여들기 시작하였다.[55] 이후 미트패킹 지구는 한편에서 여전히 고기를 나르는 정육점과 함께, 뉴욕 최첨단 패션 아이콘들이 운영하는 상점과 갤러리가 공존하는 지역으로 변화하게 되었고, 급기야 2004년에는 《뉴욕 타임스》가 뉴욕에서 가장 패셔너블한 지역으로 미트패킹 지

뉴욕 미트패킹 지구 전경 ⓒ 박호근

구를 선정하기에 이른다.

다양한 사람들이 공존하는 이 지역의 장소성은 하루에만 세 번이나 모습을 바꾼다. 새벽부터 오전까지는 도축, 오후에는 패션, 그리고 저녁에는 유흥가의 모습을 보여준다.56 이런 장소성 가운데 가장 중요한 부분은 이 지역의 역사, 별 볼 일 없어 보이는 도축업의 역사다. 뉴욕 정부는 도축업을 후세에 남길 중요한 지역 유산으로 바라보았고, 2003년 미트패킹지구를 역사보존지구로 지정하였다.57

1990년대 이 지역에 문화예술 관련 업종들이 들어서기 시작할 때, 당시 부동산 개발업과 투자은행업 종사자들의 생각은 매우 지저분한 분위기여서 도저히 투자를 할 수 없다는 것이었다.58 하지만 오랜 역사를 지닌 건물의 노후한 벽돌, 철골마저도 노출시킨 독특한 분위기를 활용한 패션매장과 카페, 레스토랑 등은 오히려 많은 사람들의 관심을 끌었고, 이 지역을 뉴욕 패션의 새로운 메카로 성장시켰다.

비록 현재 우리 눈에 보이는 구로공단의 누추한 벽돌 건물은 빨리 철거하고 새것으로 바꾸어야 할 대상으로 보일지 모른다. 하지만 역사성을 드러내는 그 누추함이 새로운 기능과 만날 때 전혀 다른 모습으로 활성화될 수 있음을 미트패킹 지구는 보여준다.

**건축물의 적응적 재활용,
페스티벌 마켓플레이스 그리고 라우즈화**

미트패킹 지구와 같이 건물의 원형을 살려둔 채 건물 내부의 기능을 색다르게 바꾸는 시도는 이미 1960년대부터 있어왔다. 학계에서는 이런 시도를 적응적 재활용(Adaptive reuse)이라 부르는데, 하버드대 건축대학원 벤자민 톰슨 교수에 의해 샌프란시스코의 유명 초콜릿 브랜드인 기라델리 공장을 재활용한 사례가 그 시초다.[59]

톰슨 교수는 이후 디벨로퍼인 제임스 라우즈와 함께 보스턴 다운타운의 재래시장인 퀸시마켓 재생사업에도 적응적 재활용 개념을 활용하였고, 이곳의 성공은 이 개념을 폭발적으로 다른 지역에 파급시킨 계기가 되었다.

미국 대도시 다운타운에 남아 있던 재래시장들은 1930년대 이전까지만 해도 그럭저럭 운영이 잘되었다. 하지만 1940년대 이후, 주요 고객인 백인 중산층이 다운타운을 떠나면서 위기에 빠지기 시작하였다. 더군다나 미국 가정에 냉장고가 보급되고 자동차 사용이 보편화되면서 위기는 더욱 심화되었다. 넓은 주차장을 제공하고, 멋진 인테리어를 갖추고, 이미 패킹된 음식을 판매하는 교외지역 쇼핑몰에 사람들이 몰리면서, 다운타운에 있던 재래시장은 몰락의 길에 접어들었다.

과거 기라델리 초콜릿 공장의 원형을 보존한 채, 내부에 레스토랑과 가게를 입점시킨 샌프란시스코의 기라델리 스퀘어

"저는 다운타운 (쇼핑시설) 개발에 한 푼도 투자할 생각이 없습니다. (다운타운은 너무나) 후져요. 현실을 직시해야 합니다. 사람들이 (황폐화된) 다운타운에 왜 오겠습니까? 사람들은 무질서한 지역, 그리고 위험한 지역에 가기 싫어합니다."
- 1970년대 당시 가장 성공적인 쇼핑몰 디벨로퍼였던 에드워드 드발토로 인터뷰, 〈Downtown, Inc〉에서 재인용

앞에서 언급한 디벨로퍼 제임스 라우즈는 황폐화되고 버려진 재래시장의 가능성을 알아본 최초의 인물이었다. 그의 재래시장 활성화 전략은 이미 쇠퇴한 도심 내 재래시장과 차별화되면서 교외지역에 있는 쇼핑몰과도 차별화된 것이었다. 그가 제안한 페스티벌 마켓플레이스라는 개념은 지역 주민들이 즐길 수 있는 다양하고 특색 있는 지역상품(local product)을 판매하는 장소를 의미하였고, 지역 커뮤니티에 기반하였기에 판매자와 구매

자의 상호 신뢰가 구축되어 도시민뿐 아니라 외부 관광객들에게도 사회적 이익을 제공하는 것이었다.

이 개념에는 고급 레스토랑과 카페뿐 아니라 지역색이 드러나는 다양한 형태의 가게와 엔터테인먼트 기능이 포함된다. 이를 위해 재래시장 1층에는 갤러리와 골동품 가게, 공방, 옷가게 등 다양한 기능을 입점시켰다. 그리고 재래시장 2층에는 아티스트, 건축디자인 오피스, 시민단체와 문화예술단체를 위한 사무실을 입점시켰다. 여기서 가장 핵심적인 키워드는 방문객을 유인하는 앵커 임차인이다. 기존 쇼핑몰이 대형 백화점을 앵커 임차인으로 활용하여 고객들을 끌어들인 데 비해, 도심 내 위치한 페스티벌 마켓플레이스에서는 대형 백화점이 아니라 작지만 다양한 임차인을 앵커 임차인으로 활용하였다. 이를 통해 매일매일 새롭고 다양한 이벤트를 제공하며 동시에 지역의 삶을 느끼도록 하였다. 그리고 이 페스티벌 마켓플레이스 개념에 기반한 퀸시마켓은 어마어마한 대성공을 거두었고, 미국 전역으로 파급되었다. 이 현상을 제임스 라우즈의 이름을 따라 라우스화(Rousification)라고 부른다는 것은 앞에서도 살펴보았다. 페스티벌 마켓플레이스 개발은 단순히 다운타운에 위치했던 재래시장 활성화에 그친 것이 아니라, 다운타운 전체를 활성화시키는 촉매제로 활용되는 측면이 강했기에, 다운타운 도시 재생 전략의 위대한 성공사례로 인식되었다.[60]

여기서 페스티벌 마켓플레이스에 입점한 기능들을 잘 살펴보면, 서울 북촌과 상해 티엔즈팡의 성공을 이끌었던 작지만 다양한 기능의 창의적 소매점들과 맥이 닿아 있다. 제임스 라우즈는 문화와 예술 기능에 기반한 창의적 소매점들이 사람들을 모을 수 있고, 이를 통해 아무도 거들떠보지 않았던 도시의 황폐한 지역을 재생할 수 있다는 점을 40년 전에 간파한 것이다.

하지만 여기서 간과해선 안 될 점은 재래시장이 문화와 예술을 활용한 전략을 차용했다고 반드시 성공을 보장하지 않는다는 사실이다. 퀸시마켓이 성공했던 이유 가운데 중요한 부분은 제임스 라우즈의 회사가 퀸시마켓의 토지사용권을 보스턴시로부터 획득하여, 단일화된 운영주체로 퀸시마켓을 운영했다는 점이다. 이 때문에 지역을 아우르는 이벤트를 열거나, 매출이 기대 이하로 형편없고 별 도움이 안 되는 임차인을 새로운 임차인으로 바꿀 수 있었다. 또한 일부 상점으로부터는 더 많은 임대료를 받고 이를 매출이 낮은 작고 아기자기한 상점에 지원하는 주체의 역할을 수행했다. 따라서 우리의 일반 재래시장처럼 각 상점마다 주인이 다른 상황에서 무작정 '페스티벌 마켓플레이스'라는 개념을 적용시킨다한들, 각 상점의 이해관계를 조절할 수 있는 상위조직(Umbrella Organization)이 없다면 큰 실패에 봉착할 것이다. 한국에서 광장시장이 아직까지도 건재하고 지속적으로 성공적인 사업을 영위하는 이유 가운데 하나는 광장시장은 단일 회사(광장시장 주식회사)에 의해 운영되고 있다는 측면을 무시해서는 안 된다.

문래동 창작예술촌 vs 문래동 조선영단주택단지

지하철 2호선 문래역 남동쪽 블록에 있는 공장들 사이에는 예술인들이 하나둘 모여 성장한 문래동 창작예술촌이 있다. 이곳은 예술가들이 임대료가 저렴한 공장 지역에 모여들더니 어느새 공장 노동자들과 공존하는 곳이 되었다. 1층은 주로 예전부터 운영되던 공장들이 위치하나, 2~3층은 예술가들의 작업실로 사용되고 있다. 서울시에서도 지원센터를 인근에 설립하여 다각도로 이들의 창작활동을 지원 중이며, 예술가들 또한 내부 커뮤니티를 만들어 활동하고 있다.

문래동 창작예술촌은 다양한 측면에서 가치 있는 곳이긴 하나, 성장 가능성 부분에서는 일정 부분 한계가 존재한다. 지상 1층에 위치한 공장들은 철공소와 철재 관련 상가가 대다수이기에 외부인들이 마음 놓고 다니기에는 위험하며 소음도 심하고 분진이 날리는 경우도 있다. 창작촌을 알리는 사진을 보고 온 외부인은 본인이 생각했던 것과 다른 부정적인 경험을 할 가능성이 높다. 또한 공장 운영자와 노동자 입장에서는 작업 중 외부인의 갑작스런 방문은 안전사고를 일으킬 확률이 높고 작업 능률을 떨어뜨릴 수 있기에 매우 신경에 거슬린다. 따라서 공간의 확장성 측면에서 큰 제약이 있다.

창작예술촌이 인근 다른 지역에 위치하면 어떨까라는 질문을 한다면, 대각선 지역(문래공원 사거리 남서블록)은 충분한 가능성이 있지 않나 싶다.

문래동 창작예술촌 풍경

이 지역에는 조선영단주택(토지주택공사의 전신)이 1940년대 초반 노동자들을 위해 건설한 집합주거단지의 원형이 나름 잘 보존되어 있다. 비록 1960~70년대 인근 구로와 영등포에 대규모 공장들이 들어서면서 이 지역도 주거단지에서 제조업 관련 공장과 창고로 쓰임새가 변화하였으나, 현재까지 영단주택의 원형이 남아 있는 지역은 문래동이 유일하다.[61]

조선영단주택 위치

지하철 2호선 문래역에서 5분 거리에 우리나라 최초의 노동자 집합주거단지가 원형에 가까운 형태를 간직한 채 남아 있다. 그리고 길만 건너면 문화예술인들이 스스로 만든 창작촌이 존재한다. 티엔즈팡과 미트패킹 지구의 사례에서 보았듯 건물 외형은 그대로 두고 공장과 기존 커뮤니티를 파괴하지 않으면서 지역을 재활성화할 수 있는 최적의 조건이지 않은가?

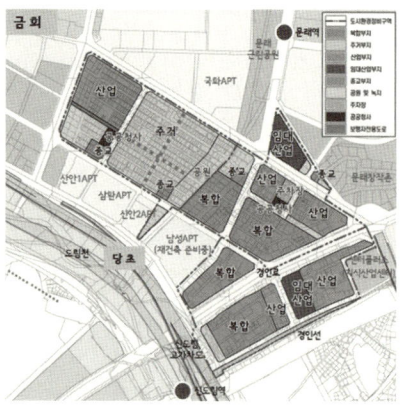

2012년 발표된 구로구 문래동 정비구역(안)

하지만 역사자원과 문화자원, 편리한 교통 여건이라는 지역 활성화의 세 가지 요소를 가진 문래동 영단주택단지는 현재 재개발 예정지역이다. 2012년 10월 구로구 도시계획국은 이곳을 조건부 도시환경 정비구역으로 지정하여 최고 150m 높이의 주상복합단지로 개발할 안을 내놓았다. 커뮤니티 보존이라는 공감대가 형성되고 있는 현재에도 대규모 철거 후 재개발의 망령이 아직도 우리 곁에 건재한 모양새다.

가리봉 수준, 외딴 방 그리고 라보때의 추억

가리봉동은 북으로 구로공단 1단지와 남으로 구로공단 2, 3단지 사이에 위치한다. '가리봉 수준'이라는 말은 과거 구로공단 노동자들이 자신들의 거주지, 구로구 가리봉동의 열악함을 일컫던 자조적인 단어다. '가리봉 수준'은 '강남 스타일'과는 정반대의, 누추하고 어딘가 형편없는 후진 동네라는 느낌을 준다. '라보때'는 외래어로 들릴 수 있겠으나, 1970~80년대 구로지역 노동자들의 은어로 '라면으로 보통 때운다'는 의미다.

《외딴 방》은 작가 신경숙의 자전적 소설이다. 작가의 표현에 의하면 사실도 픽션도 아닌 그 중간쯤의 글이라고 한다. 소설의 주인공은 16세부터 구로공단의 한 공장에 취직하여 노동전선에 뛰어드는데, 그녀가 사는 곳은 '벌집'으로 불리는, 37개의 방이 다닥다닥 붙은 곳이다. 이 소설은 당시 산업역군이라 불리던 어린 여공들의 삶이 결코 순탄치 않았음을 담담하게 전한다.

'외딴 방'의 집합체인 벌집은 다양한 역사와 마주한다. 1970년대와 1980년대에는 노동자들의 숙소로, 그 이후에는 가출 청소년과 빈민층의 아지트로, 그리고 현재는 조선족의 터전이 되었다. 벌집의 겉모양은 2~3층 높이에 50~100평 정도 넓이의 번듯한 양옥주택이다. 그러나 대문을

열고 집으로 들어서면 전혀 다른 모습이 펼쳐
진다. 우선 통로를 따라 양 옆으로 방들이 늘어
서 있다. 지상과 지하 각 층마다 통로를 따라
방이 10여 개씩 이어진다. 방 내부에는 연탄
아궁이와 수도꼭지가 있는 부엌이 있고, 부엌
과 통한 방문을 열면 두 사람이 눕기도 버거운
1.5~3평짜리 방이 하나 있다.

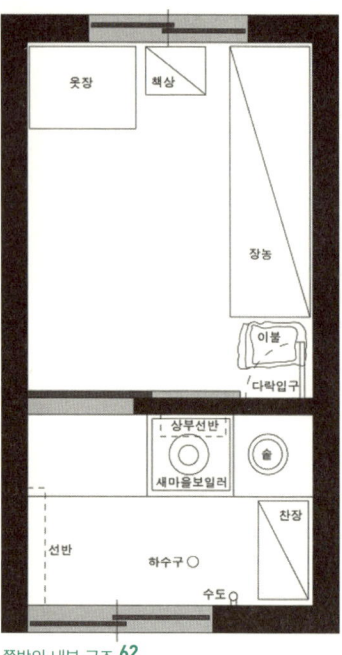

벌집의 평균 방 개수는 21.6개인데, 당시 서
울시 불량주택 지구의 방 개수 2.93개, 가내수
공업공장이 밀집한 창신동의 3.91개, 일반주택
의 3.81개와 비교하면 엄청난 수치였다.[63]

쪽방의 내부 구조 [62]

벌집 대부분은 무허가 증축된 것으로, 기존
주택을 불법 개조하거나 일반주택을 짓는 것처
럼 건축 허가를 받은 뒤 실제로는 벌집 형태로 신축하였다. 그렇기에 정상
적인 주택 기능을 할 수 없었다. 벌집 한 채에 화장실은 층마다 하나씩 있
는 경우가 허다했고, 대변기 1개의 평균 사용인수는 26명이었다. 아침이
면 화장실을 쓰기 위해 몇십 분간 줄을 서야 했고, 휴일에는 빨래를 하기
위한 자리를 잡기 위해 몸싸움을 벌여야만 했다.[64] 방 역시 방음이 제대로
안 되어 두세 칸 너머의 TV 소리도 들렸다. TV 없이도 연속극 내용을 알
수 있다는 우스갯소리도 있었고, 친구와의 중요한 대화는 라디오를 크게
틀고 속삭여야만 했다.

이러한 주택 구조는 소유주가 한정된 공간에 최대한 많은 수의 방을 만
듦으로써 이익 극대화를 실현하기 위한 것이다. 화장실, 목욕실, 정원과 같
은 공유시설이 많아지면 방 수가 적어지기 때문에 편의시설을 최소한으로

벌집의 1층과 2층 구조

벌집의 지하. 통로를 사이에 두고 '외딴 방'이 10여 채 있다.

쪽방을 들어가자마자 보이는 부엌

건물 밖에 있는 공용 화장실

제공한 것이다. 소유주에게 세입자의 쾌적함은 고려사항이 아니었다.

벌집이 만들어진 원인에는 여러 가지가 있겠으나, 가리봉동의 위치적 특성과 가혹한 노동시간, 어린 여성 노동자들의 높은 비중이 일조를 한 듯 하다. 당시 우리나라는 세계 최장의 노동시간을 자랑하였다. 하루 평균 12시간 근무외 2~3교대가 맞물려 돌아가는 구조여서, 밤늦은 시각 또는 새벽 이른 시각 출퇴근이 당연한 상황이었다. 그렇기에 가급적 근거리에서 출퇴근이 가능한 장소를 선호했을 것이다. 또한 전체 노동자(1981년 기준, 5만 8천여 명) 중 20세 이하 어린 여공이 35%, 25세 이하 여공이 60%에 달하는 상황에서[65] 늦은 밤에 귀가하고 출근할 수밖에 없는 여성 노동자들에게는 구로1공단과 구로2, 3공단 사이에 위치한 가리봉동은 어쩔 수 없는 선택이었을지 모른다.

비록 시각에 따라 다른 의견이 있을 수 있고, 반드시 주거환경이 개선되어야 한다는 점에는 전적으로 동의하나, 1970년대 집중적으로 형성되었던 벌집이 오늘날에도 그 형태가 고스란히 존재하고 있다는 사실은 서울이라는 도시의 역사를 보여주는 의미 있는 자료임에는 틀림없다.

21세기 서울에서 발견되는
19세기 맨체스터의 흔적

벌집 구조가 주는 의미 가운데 하나는 도시 산업화 과정을 겪으면서 나타나는 특징이 시간과 공간을 초월해 비슷한 형태로 나타난다는 점이다. 20세기 후반 서울이라는 산업도시의 부산물인 벌집 구조는 19세기 산업혁명의 시발지인 영국, 특히 당시 강력한 산업도시였던 맨체스터의 대표적 주택 유형과 매우 흡사하다. 물론 주택의 외양은 다르다. 하지만 각 층별로 주택 수를 쪼개놓은 배치는 소유주들이 임대료 수입을 극대화하기 위한 전략이 어떻게 주택이라는 공간에 투영되는지를 극명하게 보여준다.

또 다른 유사성은 아주 좁은 공간에 살았던 노동자들의 처참한 삶이다. 산업혁명 당시 영국 런던의 노동자 밀집지역에 대한 한 성직자의 묘사에 의하면, 11㎡(대략 3.3평)의 방에 부부와 4~5명의 어린이 그리고 때때로 조부모가 같이 거주하였다. 즉 벌집의 방보다 조금 큰 방에 7~9명 정도의 사람이 산 것이다. 1844년 영국 하원에서 발표된 연설문에 의하면, 직물 산업 주요 부분 전체 노동자(41만 명) 중 여성이 남성보다 많았고, 18세 이하 여성 노동자는 전체 여성 노동자(24만 명)의 46%에 해당하는 11만 명에 이를 만큼 많았다. 공장 노동을 시작한 연령을 보면 9세부터인 경우도 있으나, 일반적으로 14~15세부터 일하기 시작하였다. 2교대가 만연하여 한 조는 낮 12시간, 다른 조는 밤 12시간을 근무하였다.[66]

19세기 영국의 처참한 상황을 20세기 구로공단과 직접 비교할 수는 없다. 하지만 구로공단의 1970년대 역시 만만치 않았다. 일반적으로 2평에 3명가량이 살았으나, 일부 경우에는 6~8명이 같이 살기도 하였다. 게다가

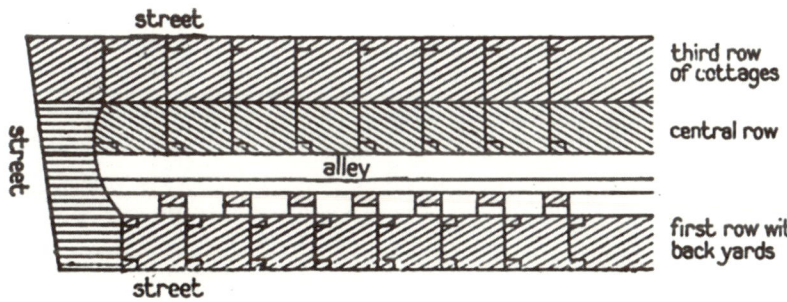

벌집과 비슷한 형태의 19세기 맨체스터 주택 단면[67]

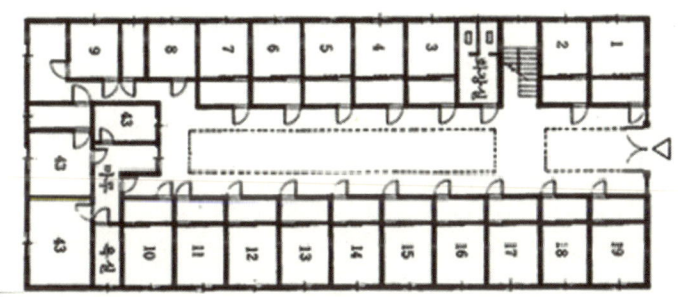

가리봉동 소재 벌집의 1층 단면 구조[68]

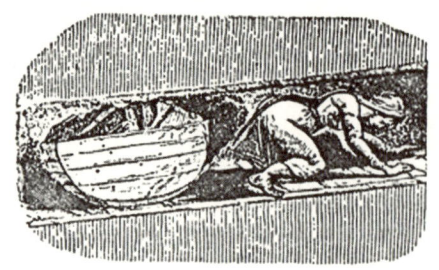
영국의회에 제출된 1842년 광산 및 제조업조사위원회 공식보고서의 삽화. 여자아이가 광산에서 석탄통을 끌고 있다.

16세에 공장 노동을 시작한《외딴 방》의 주인공처럼 18세 이하 노동자 비중이 상당히 높았으며, 여성 노동자가 남성보다 많았고, 2~3교대가 존재했다. 이런 처참함은 산업 역군, 세계에서 가장 근면한 민족이라는 말로 포장되었다. 이는 임금이 적었기 때문에 어쩔 수 없이 장시간 근무를 해야만 했던, 노동의 강요라는 점을 지울 수 없다. 영국보다 근 100년 이후에야 제대로 된 산업혁명을 경험한 서울에서, 19세기 산업혁명 당시 노동자의 삶과 비슷한 삶이 존재했고, 그들의 터전이 아직도 존재한다는 것은 매우 흥미로운 사실이다.

"서울 구로공단 주변에는 '닭장'이라는 이름의 공원들 월세 자취방이 있다. 아마도 그들 스스로가 지어낸 자학적인 이름일 성싶다. 한두 평짜리 비좁은 방을 대개 6~8명이 공동으로 세를 얻은 다음 서로 번갈아가며 숙소로 이용한다고 한다. 24시간 쉬지 않고 가동하는 수출공단의 공장들은 흔히 3교대 근무로 공원들이 일을 하기 때문에, 가령 1조와 3조가 각각 4명씩 조를 짜면 근무조가 아닌 4명이 그들이 말하는 닭장에서 잠을 잘 수 있다.

이들은 닭장에서의 잠을 또 '칼잠'이라는 색다른 말로 부른다. 방이 너무 좁아 두 사람씩 머리의 방향을 반대로 한 채 다리를 서로 포개고 누워야 한대서 생긴 이름인 모양이다."
- 〈직업병에 우는 근로자들〉, 1984년 2월 6일, 《동아일보》

    2~3층의 양옥주택에 수십 개의 방이 있는 벌집의 구조를 고려하면, 매우 좁은 공간을 함께 쓰는 많은 사람들이 TV 드라마에서나 볼 듯한 훈훈한 커뮤니티가 존재할 것 같다는 생각이 들 수 있다. 하지만 이는 착각이다. 주인은 세입자에게 전혀 관심이 없었고, 세입자들도 바로 옆방에 누가 거주하는지조차 몰랐다. 또한 비록 한 방에 같이 산다고 하지만, 잠자는 시간대가 달랐기 때문에 같은 방 거주자들이 함께 모이기도 쉽지 않았다. 따라서 일체의 커뮤니티적인 성격은 존재하지 않았다.

"나는 그 뒤 89년 2월 가리봉동에 이른바 '닭장집'이라는 월셋방을 마련해 '지옥' 같던 기숙사에서 해방됐다. 나는 '14호'라는 호칭으로 통했다. 내 방은 가로 180cm 세로 200cm인데, 책상과 비키니 옷장을 들여놓으니 세로가 140cm로 줄어 대각선으로 누워 자야 했다……. 아침에는 한 칸밖에 없는 화장실 앞에 남녀 구분도 없이 길게 줄을 선다. 대문을 들어서면 '현금과 귀중품은 집에 두지 마시오'라는 글귀가 가장 먼저 눈에 들어온다."
- 〈르포 호화빌라촌 원인 규명 미흡, 닭장 전전하는 노동자 삶 서글퍼〉, 1991년 7월 20일, 《한겨레》

"형과 함께 벌집에서 자취를 하고 있는 이군은 '세든 지 2개월이 넘었지만 옆방에 누가 사는지 모른다'며 '처음 상경했을 때 가끔 만나던 고향친구들도 이제는 거의 만나지 못하고 있으며 고작 직장동료

3~4명과 어울리고 있다'고 말했다. …… 이군은 야근을 마치고 오전에 집에 돌아와 연탄불이 꺼진 것을 발견한 경우가 많으나 이웃 방에서 탄불을 얻으려 해도 모두 문이 굳게 잠겨 있어 …… 이웃 없는 이웃을 이루며 살고 있다. 집주인은 보증금 낼 때 한 번 보고 본 적이 없어 탄불을 빌려 갈 생각조차 않는다며 이때는 도대체 사람들이 함께 산다는 느낌을 가질 수 없고 때로는 두렵다는 생각마저 든다고 이군은 말했다. ……

지난 76년 여관을 팔아 가리봉동의 방 30개짜리 벌집을 구입, 운영하고 있는 박모씨는 '세든 사람의 얼굴조차 모른다'며 '매달 각 호실 별로 방세와 전기료 수도료만 받고 있을 뿐 다른 관계는 없다'고 말했다. 박씨는 처음에는 각 방마다 연탄불을 봐주는 등 세든 공원들에게 신경을 썼으나 금방 떠나 버리는 경우가 많고 나중에는 일일이 세든 사람을 알고 지내는 것이 오히려 귀찮을 때가 많아 요즈음은 말도 않고 지낸다는 것……."

- 〈공단 주변 단칸방 벌집〉, 1987년 1월 8일, 《동아일보》

그럼에도 재미있는 사실은 한 방 거주자들끼리 나름의 룰을 정해서 생활하였다는 것이다. 만약 3명이 한 방에 거주하는 경우, 3교대로 서로 만나는 시간은 거의 없지만 다음과 같은 규약을 만들어 실천하였다. 옷장, 화장대, 취사도구 등을 들여놓고 같이 공유함에 있어, 만약 한 사람이 이사를 가면 적당히 감가상각을 해서 새로 들어오는 사람에게 돈을 받아 나가는 사람에게 준다. 3교대를 하기에 먼저 잔 사람이 다른 사람 몫의 밥까지 해둔다.[69]

이를 달리 해석하면 화장실과 부엌 등을 함께 사용하는 것은 공유 공간을 함께 사용하는 것이며, 재원(財源)을 같이 사용하는 측면에서는 공유경제의 초기 버전이라 할 수 있다. 규약을 정해 서로 실천하는 모습 역시 공동체 생활을 연상시킨다.

이런 모습은 일본과 구미에서 1인 가구들이 증가하면서 생겨난 새로운 라이프스타일인 쉐어하우스의 특징(공동 사용공간 활용, 공유경제, 커뮤니티 활성화)이 지닌 가치와 부합한다. 서로 모르는 사람들이 모여서 서로서로 지켜야 할 룰을 정해 살면서 부엌이나 화장실, 샤워장 등을 같이 공유하는 것이다. 이런 견해에서 과거 가리봉동 노동자들의 규약은 우리나라에서 앞으로 나타날 수 있는 쉐어하우스의 가능성을 이미 몇십 년 전에 보여준 것으로도 해석할 수 있다.

가난한 이민자의 도시, 가리봉동

가리봉동은 현재 조선족 타운으로 변모 중이다. 재중동포(또는 조선족)는 88 서울올림픽을 전후로 친지 방문 목적의 한국 입국을 시작하여 2000년대부터 서서히 증가하다, 2007년 방문취업제 도입과 함께 급격히 늘어났다.[70] 조선족은 주로 구로, 금천, 영등포구에 집중적으로 몰려 살고 있는데, 특히 가리봉동은 초기 정착에 필요한 인력시장과 용이한 교통 접근성, 상대적으로 저렴한 물가와 주거비 등으로 중국에서 갓 한국으로 온 동포들이 선호하는 첫 정착지다.[71] 가리봉동에 거주하는 조선족 수는 2012년 서울시 주민등록 인구를 기준으로 6,111명이며 이는 전체 가리봉동 인구 대비 30.02%에 해당한다. 구로2동이 행정구역상 가리봉동의 인접지역으로 이 지역을 합치면 가리봉 지역에 거주하는 조선족 수는 서울시 조선족 인구 대비 9% 달한다.

가리봉동 시장 내 조선족 가게

이들의 주 연령대는 40~50대로 중국에 가족을 두고 온 경우가 많고, 대개 5년 미만 단기체류가 많으며, 가사 도우미, 식당 종업원, 건설 노동자, 단순 노무직 등 저임금 직종에 근무하는 비율이 높다. 단기간 한국에서 돈을 벌고 중국으로 돌아가는 경우가 많기에 가급적 싼 지역을 찾게 되고, 또한 주거의 질적인 측면은 크게 개의치 않기에 가리봉동에 거주하는 조선족의 90%는 쪽방으로 개조된 단독이나 다가구에 거주하고 있다.[72]

이들은 주로 단순노무직에 종사하는 관계로 저소득층 한국인들의 반감을 사기도 한다. 이러한 반감이 문화적 차이로 인해 증폭되면서 최근 조선족을 바라보는 눈길이 호의적이지 않은 것이 사실이다.[73] 또한 이들이 한국어를 사용한다는 점에서 한국문화와 차별화된 '다문화 자원'으로서 가치가 없다는 견해마저 있다.

현재 가리봉동은 재정비촉진지구로 지정되어 있다. 2017년까지 '서남권 지식기반산업 벨트를 24시간 지원하는 역동적인 디지털비즈니스 시티'로 탈바꿈시킨다는 계획이다. 주변의 변화를 따라가지 못하고 낙후되어 있다는 것이 재정비촉진지구로 지정된 주된 이유다. 지구로 지정된 지역은 서울디지털산업1단지 면적의 약 4분의 3에 해당하는 면적으로, 서울시에 의해 균형발전촉진지구로 지정된 2003년부터 지금까지 줄곧 재개

가리봉동을 철거하고 아파트 복합단지로 건설하려는
카이브시티 조감도
(2011년 구로구 구정화보집 자료)

발 대상지인 상태다. 재정비 계획은 2005년 기본계획이 발표된 이후 몇 차례 변경되었는데, 이 계획안에 따르면 새로 지어지는 아파트와 주상복합, 오피스, 호텔, 상업·문화시설 등이 현재 노후 주거지역을 대신하게 된다. 53층짜리 랜드마크타워를 비롯한 대형 건물들이 들어서는 대규모 개발사업으로, 구로구청과 한국토지주택공사(LH)는 이 계획에 카이브시티(KAIV CITY, Korea Advanced & Innovative Valley)라는 브랜드를 붙이고, 가리봉동을 대신할 새로운 동 이름을 공모하는 등 큰 기대를 갖고 있다.

하지만 이는 매우 비현실적인 계획으로 보인다. 첫째 이유는 가리봉동 집값(또는 토지가격)이 매우 높다는 점이고, 둘째는 가리봉동이 서울이라는 도시에서 갖고 있는 가치 때문이다.

비록 누추한 쪽방이라 하더라도 벌집의 가치는 상당하다. 쪽방의 월세는 사정에 따라 대략 보증금 100만 원에 20만 원부터 보증금 없이 22만 원인 경우까지 매우 다양하다. 화장실도 없으니 매우 싸다고 생각할지 모르나, 한 건물에 평균 21개의 쪽방이 있다는 통계를 바탕으로 계산하면, 보증금 없이도 한 달에 420만 원의 월세를 받을 수 있다. 21개 쪽방 중 한 방은 공실로 가정을 하면 20개 방에 월 20만 원씩 한 달에 400만 원 1년에 4,800만 원을 벌게 된다.

부동산에서 집의 가치를 계산하는 다양한 방법 가운데 한 가지는 부동산의 수익률(Yield)로부터 가격을 계산하는 것이다. 부동산 수익률은 집세를 집값으로 나누면 쉽게 알 수 있다. 이것을 공식화하면 아래와 같다.

부동산 수익률 = 1년간 벌어들인 총 임대수입 / 집값

이를 바탕으로 보면 집값은 1년간 벌어들인 총 임대수입을 부동산 수익률로 나눈 것으로 계산할 수 있다. 사고팔기가 쉽지 않은 부동산은 위험자산이기 때문에 부동산 투자를 하는 경우의 요구 수익률은 은행이자보다 항상 높다. 따라서 은행이자가 연 4% 정도 한다면, 부동산의 위험성(예를 들어 +1%)을 고려해 부동산 투자 수익률은 대략 5% 이상이 되어야 한다. 즉 은행에 10억 원을 예금하면 최소 4천만 원이 보장되기에, 부동산 같은 위험자산은 은행이자보다 많은 5천만 원은 받아야 한다.

만약 부동산 수익률을 5%에서 6%로 가정하는 경우, 21개 쪽방이 있는 건물의 가치는 대략 다음과 같다.

부동산 수익률이 5%인 경우 집값:
1년 임대료(4,800만 원) / 5% = 9억 6천만 원

부동산 수익률이 6%인 경우 집값:
1년 임대료(4,800만 원) / 6% = 8억 원

이 정도 규모의 벌집은 대지 면적이 50여 평 정도인데, 이를 평당 가격으로 환산하면 대략 평당 1,600만 원에서 1,900만 원 사이 가격이 형성된다. 강남 유흥가인 방배동 카페골목 남쪽 지역의 가격이 평당 2,000만 원에 형성되고 있는 현실을 고려할 때 이는 대단히 높은 가격이다. 따라서

리씽킹 서울
Rethinking Seoul

가리봉동이 겉으로 낙후된 지역으로 보여 집값이 쌀 것이라 생각하는 건 커다란 착각이다.

이 정도 금액의 시장 가격에, 재개발이 되는 경우에는 주민들의 반발을 무마하기 위하여 추가적으로 보상금이 더 주어진다. 위의 가격대가 매우 보수적으로 산정된 것임을 고려할 때, 추가 금액이 더해진다면 방배동 지역을 재개발하는 것 이상의 비용이 들어갈 것이다. 그리고 수많은 세입자들에 대한 보상까지 고려하면 비용은 상상을 초월할 수 있다. 시장경제적 측면에서 살펴보면 재개발 자체가 불가능한 계획이라고 추측할 수도 있다.

경제적인 이유보다 더 심각한 문제점은 가리봉동이 지닌 가치를 도외시한다는 점이다. 가리봉동은 산업도시의 삶과 양식이 남아 있는 공간으로, 그 역사적 소중함을 과소평가해서는 안 된다. 또한 문화적 측면에서도 재중동포는 서울에 새로운 문화적 다양성을 가져올 수 있다. 일례로 미국에는 영어를 구사하는 아일랜드인 타운이 여러 도시에 있으며, 그 지역은 나름의 문화적 다양성을 보여준다.

재중동포에 대한 부정적 인식이 존재하는 현실에서 그들이 한국사회에 무엇을 해줄 것인가를 고민하기보다는 가리봉동 같은 지역이 왜 도시 안에서 중요한가에 대한 고민이 더 필요하다. 도시는 가난한 이민자들에게 성공을 제공해주는 장소임과 동시에 그들이 제공하는 서비스를 필요로 하는 곳이기 때문이다.[74]

19세기 기아에 허덕이던 아일랜드인들은 보스턴에 정착하여 노동력을 제공하고 서서히 부를 축적하였고 급기야 J. F. 케네디와 같은 대통령을 배출하기도 하였다. 세계 최고 부자로 일컬어지는 멕시코의 카를로스 슬림 역시 레바논계 이민자의 아들이며, 애플의 스티브 잡스의 친부는 시라아계 이민자다. 새로운 이민자들이 도시에 들어오면 도시는 이민자들에게 일자리라는 새로운 기회를 제공하며, 그들 모두는 아니어도 몇몇은 그 기회를 통해 성공하고 사회에 기여를 한다. 그렇다면 이민자 그룹은 도시에 새로운 활력소를 제공하는 그룹으로 반드시 존재해야 하며, 그들이 거주할 공간 역시 도시에 마련되어야 한다. 가리봉동에 거주하는 재중동포가 제공하는 서비스업은 많은 한국인들이 기피하는 일로, 그들은 상대적으로 낮은 가격에 서비스를 제공한다. 따라서 도시의 서비스 경쟁력 측면에서 그들은 매우 필요한 존재다. 그렇다면 그들이 살고 있는 거주지 역시 존중받아야 한다. 가리봉동처럼 도시에 반드시 필요한 노동력 제공자들의 주거지를 없애고 초고층 아파트단지로 만든다는 계획은 서울을 평양과 같이 선택된 사람들만 거주하는 곳으로 만드는 것과 다르지 않다. 평양이 서울의 미래인가?

 도시는 공존의 장이 되어야 하며, 그러기 위해서는 다양성이 보장되어야 한다. 도시의 다양성은 도시민들의 직종 다양성, 인종 다양성, 문화 다양성 등 여러 측면을 포함하는 것이다. 한 도시의 대다수 거주자가 의사나 변호사 등 전문직 종사자라 하더라도, 그들의 주거와 사무 공간을 청소하는 서비스업에 대한 수요는 항상 존재한다. 그렇다면 도시 내 또는 도시 근처에 이러한 직종에서 일하는 사람들이 거주해야 하며, 이는 결국 다양한 주택 유형이 존재해야 함을 의미한다. 즉 다양한 시민들이 살 수 있는 다양한 주택들이 존재해야 하는데, 이것이 바로 서울에 타워팰리스와 쪽방이 공존해야 하는 이유다.

 따라서 현재와 같이 철저하게 부수고 새로운 럭셔리 아파트단지로 재개발하는 것보다는 기존 커뮤니티의 성격을 유지하면서 천천히 긍정적인 방향으로 개발을 유도하는 것이 더 올바른 방향이다. 다만 철저하게 현재 모습을 100% 보존하는 전략 역시 올바른 방법은 아니다.

오피스 건물의 주차벽으로 격리된 쪽방촌

오피스 건물 주편이 쪽방 건물

가리봉동은 자료 사진에서 보듯 외부와는 단절된 모습이다. 또한 가리봉동 벌집은 주거 공간으로서 큰 문제점을 안고 있다. 사진에서 보듯 새로 건설된 구로오피스타운은 높은 벽을 쌓아 가리봉동 벌집과 철저히 차단되어 있다. 가리봉동 조선족 타운은 구로벤처타운과 별개의 세상으로 비치며, 외부와 단절된 게토화 경향이 실로 높아지고 있다.[75]

이런 현상은 가리봉동 상권의 번영과 침체의 역사에도 나타난다. 과거 가리봉동 거리는 명동처럼 거리를 지나기가 힘들 만큼 많은 사람들로 북적이던 큰 상권이었다.[76] 구로1단지와 2, 3단지 사이에 낀 가리봉동에 거주하는 노동자들은 대부분 자동차가 없는 형편이었기에 지역상권에서 소비를 하였다. 하지만 현재 가리봉동 상권은 과거보다 매우 쇠퇴하였다. 외부 사람들에 의한 소비는 거의 일어나지 않으며, 주로 재중동포들에 의해 영위되고 있다. 바로 인근의 구로벤처타운 근무자들은 가리봉동 대신 지하철역 근처에서 회식을 하거나 여가를 즐긴다. 현재 상권은 구로디지털단지지역 주변에 형성 중이며, 앞서 설명하였던 브런

치카페 역시 구로디지털단지역 바로 앞에 위치한다.

따라서 게토화되어 쇠퇴할 가능성이 있는 가리봉동을 역사성이 있기에 100% 보존하자는 주장은 대규모 철거를 통한 재개발만큼이나 무리하고 잘못된 주장이다. 가리봉동의 주거 수준은 마땅히 업그레이드되어야 하며, 이 지역에는 새로운 외부 인력들이 들어와 지역과 상권이 살아나야 한다. 다만 그 대안이 철거를 바탕으로 한 재개발이 되어서는 안 될 뿐이다. 절실한 대안은 커뮤니티를 보존하면서, 동시에 외부와 연계를 강화하여 파편화된 삶을 살고 있는 커뮤니티를 업그레이드하는 것이다.

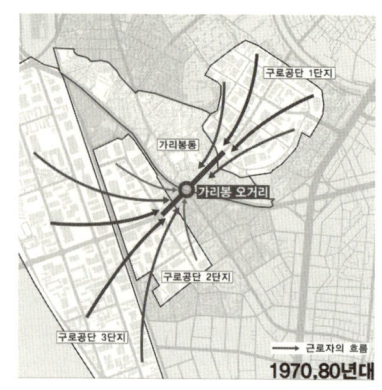

쪽방의 변신,
요코하마 호스텔 빌리지

요코하마역에서 도보로 5분 거리에 위치한 요코하마 호스텔 빌리지 주변은 일용직 노동자들을 위한 쪽방촌이 형성되었던 지역으로, 쪽방의 수는 무려 8,000여 개에 달하였다. 이

지역이 쇠퇴하면서 2000년대 중반에는 빈 방이 늘어나 2,000여 개의 쪽방이 빈 방일 정도로 심각한 문제가 야기되었다. 건물의 유리창은 깨진 채 방치되었고, 거리에는 쓰레기가 너저분하게 버려져 있었다. 경찰조차 손대기를 꺼려한 위험한 곳이었다.

당시 낙후된 지역을 바꾸려는 열의에 가득 찬 도쿄대 건축과 출신 오카베 씨는 직접 건물 주인들을 설득하여 쪽방을 게스트하우스로 활용할 것을 제안하였다. 건물주 입장에서는 어차피 빈 방들이었기에 실험적인 시도를 하는 것에 대해 일정 부분 동의할 수밖에 없는 처지였다. 오카베 씨는 사회적 기업 고토랩을 설립하여 체계적인 게스트하우스 사업을 시작하였다. 호스텔은 한국의 쪽방 정도 사이즈인 2m×3m의 작은 크기로, 기존 숙박비의 절반 수준인 약 3,000엔 정도의 숙박비를 받았다. 홈페이지 등을 통해 홍보를 계속하면서 외국인 이용객이 증가하고, 일본인 관광객들도 방문하는 등 차츰 방문객들이 늘어나면서 이 지역은 새로운 모습으로 바뀌기 시작하였다.

외부인의 유입이 늘어나면서 거리를 깨끗이 하자는 인식이 확산되어 거리 청소가 시작되었고, 이는 주변 환경 개선으로 이어졌다. 지역 소재 대

요코하마 호스텔 빌리지 사무실 외부와 내부 모습

학교와 커뮤니티가 합심하여 이곳을 변화시키려는 많은 시도들도 나타나게 되었다.[77]

고토랩은 외부인의 유입을 일으키는 게스트하우스 외에도, 노숙자들에게 쉼터를 제공하고 공유공간을 사용하게 하면서 그들 간의 커뮤니티를 만드는 사업도 하고 있다. 이는 동경 등지에서 1인 가구들에게 많은 인기를 끌고 있는 쉐어하우스와 비슷한 원리다. 기본 철학 면에서는 부엌, 화장실, 샤워실 등 공유공간을 통해서 새로운 커뮤니티를 만들어내는 쉐어하우스 전략과 큰 차이가 없다.

요코하마 호스텔의 성공은 위험하고 낙후된 지역을 새롭게 바꾸었다는 점에서 엄청난 성공 스토리라 할 수 있다. 하지만 제3자의 입장에서 요코하마 호스텔 지역은 여전히 외딴 곳이며, 사실 대단한 볼거리를 제공하는 것은 아니어서 지속적인 방문 유인을 가진 장소는 아니다. 이 지역의 성공은 도보로 5분 거리에 도쿄 시내와 한 번에 연결되는 지하철의 접근성에서 기인한다고 볼 수 있다.

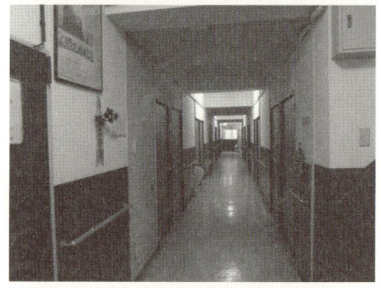

공유공간을 활용한 쉐어하우스 전략을 기초로 한 요코하마 호스텔

그에 비해 가리봉동은 요코하마와는 비교도 할 수 없는 자원들로 둘러싸여 있다. 게다가 구로디지털단지역, 남구로역, 가산디지털단지역 등 지하철 접근성 역시 매우 우수하기에 게스트하우스로의 성공 가능성이 분명 존재한다. 게스트하우스를 통해 외부인들이

가리봉동과 소통하기 시작하면 느리지만 서서히 변화가 시작될 것이다. 지역 내 거점을 통해 그 효과가 주변 지역으로 파급되는 것인데, 이는 이미 요코하마에서 나타나고 있는 긍정적 현상이다.

또한 주거복지 차원에서 기존 쪽방을 쉐어하우스로 리모델링한다면 쪽방 거주민의 주거 수준을 한 단계 업그레이드시키고 새로운 커뮤니티를 형성할 수 있다. 과거 가리봉동이 구로공단 노동자들의 거주지였듯, 새로운 콘셉트의 쉐어하우스는 패션에 관심 있는 구로와 가산디지털단지 노동자들을 위한 쉐어하우스, 또는 IT와 벤처 창업에 관심 있는 사람들이 모여 사는 쉐어하우스가 될 수 있다. 새로운 커뮤니티가 형성됨과 동시에 지역과 연계된 경제활동도 활발해질 것이다.

하지만 이러한 성과는 많은 시간을 필요로 한다. 요코하마에서는 동경대 출신 엘리트가 지역 봉사 활동을 하면서 지역주민들 그리고 기존 봉사단체의 마음을 얻어가는 과정이 필요하였다. 따라서 느린 속도에 대한 이해와 공감이 전적으로 필요하다. 이런 점은 특히 정책 담당자들에게 요구되는데, 만약 정치적인 이유로 눈속임식 치적을 쌓기 위해 재임기간 중 시민과의 협의나 타당성 없이 이곳저곳에 건물을 짓는 행위를 한다면, 과거 뉴타운 개발을 밀어붙였던 방식의 재탕이 될 뿐이다.

가리봉 오거리,
구동파의 기억은 이제 없다

현재의 디지털단지 오거리는 과거 가리봉 오거리로 불렸다. 그리고 가리봉 오거리는 1970년대 후반부터 1980년대 중반까지 노동3권 보장과 최저 임금 보장을 요구하는 항의시위가 열렸던 투쟁의 장소다. '학출(학생 출신 노동자)'이라 불리는 대학생들은 구로공단에 위장취업을 하여 노동자와 연대를 구축하였다. 그리고 가리봉 오거리는 노학연대를 상징하는 투쟁의 장소가 되었다.

또한 1985년 '구동파(구로동맹파업)'가 발생했던 추억이 서린 장소다. 구로동맹파업은 한국전쟁 이후 최초의 동맹파업이며 초보적이지만 정치 투쟁의 성격을 가졌다는 점에서 한국노동운동사에 큰 획으로 여겨진다. 그리고 많은 학출들이 동맹파업에서 큰 역할을 수행하였다.[78]

구로동맹파업은 1985년 6월 22일 대우어패럴 노조 지도부 3명의 구속을 시작으로 6월 29일까지 구로지역 노동자들이 벌인 대우어패럴 투쟁 지지 동맹파업이다. 24일 대우어패럴, 효성물산, 가리봉전자, 선일섬유 노조를 시작으로 28일 부흥사 노조까지 총 5개의 노조가 파업에 참여하였다. 그 외에도 남성전기 세진전자, 롬코리아, 삼성제약에서 지지 투쟁이 벌어지고 노동운동 단체 주도하의 가두시위와 지지농성, 성명이 잇따랐다.[79]

이 회사들 중 부흥사와 롬코리아를 제외한 나머지는 새로운 건물로 바뀌었고, 가리봉 오거리는 이름마저도 디지털단지 오거리로 바뀐 채, 산업민주화를 이루려던 노학연대 투쟁의 장소에 대한 기억은 아무것도 남아있지 않다. 다행인지는 모르나 수많은 유인물이 뿌려졌던 1970년대 중반 건립된 가리봉 오거리 모서리의 건물은 여전히 남아 있다. 가리봉 오거리를 디지털단지 오거리라는 이름으로 바꾼 것은 과거의 '가리봉 수준'이라는 인식을 탈피하려는 의도가 있었는지 모른다. 하지만 '구동파'의 기억과 치열했던 민주화투쟁의 역사가 서린 장소에 작은 기념비나 안내판이라도 세우는 것이 이곳에 대한 최소한의 예의가 아닌가 싶다.

가리봉동은 대중교통 편의성 외에도 다양한 패션 쇼핑몰 등 즐길 거리와, 조선족타운이라는 독특한 문화, 가능성 있는 역사자원이 현존한다. 한강의 기적을 일궜던 노동자들의 숙소가 남아 있으며, 민주화시위 지역이었던 가리봉 오거리를 비롯해 구로동맹파업 등 한국 민주주의 역사를 대변한 거대한 스토리가 있다. 또한 김문수, 박노해, 손학규, 심상정, 이재오, 이해찬, 한명숙, 황석영 등 여러 유명인사들이 거쳐 갔던 곳이 바로 '외딴 방' 벌집이다.

한 국가의 성장 동력이 되었고, 민주주의를 탄생시키는 데 일조한 이곳은 요코하마와는 비교할 수 없는 거대한 스토리가 지금까지 남아 있다. 과연 어느 곳의 가능성이 더 높은가?

장소성 기억: 불과 15년 안팎의 역사를 지닌 성수동 수제화 공장지대에 위치한 옥상의 조형물

제 4 장 − **동 대 문 창 신 동 봉 제 공 장**

압도적 규모 자랑하는 동대문의 네 얼굴

대한민국 패션 1번지, 동대문 시장은 압도적인 규모를 자랑한다. 서울시 GIS 정보를 이용하여 분석하면, 특구 전체 토지면적만 31만m^2에 이르며 건물 연면적은 81만m^2로 63시티 연면적의 4.5배에 달한다. 의류 원단을 취급하거나 도소매 기능을 하는 건물이 30여 채나 있고, 그 안에는 3만여 개 상점이 성업 중이다. 이는 서울시 전체 의류 사업체의 25%를 차지하는 수준이다.[80]

동대문 시장은 24시간 불이 꺼지지 않는다. 소매와 도매가 공존하는 이곳에선 쉬지 않고 경제 활동이 일어나기에 '서울의 밤'을 느끼고 싶은 외국인들은 동대문을 찾는다. 동대문은 서울시 관광객 가운데 절반 이상이 다녀가는 대표적 관광 명소다.

동대문에는 대기업 브랜드 의류 매장보다 중소 규모 자영업 점포가 훨씬 많다. 이들 소매점은 동대문 패션타운 안에 있는 도매업체와 연계되어 있어, 다른 곳에 비해 훨씬 저렴한 가격으로 상품을 판매한다.

자세히 살펴보면, 동대문 시장은 기능에 따라 크게 네 부분으로 구분되어 있다. 가장 중요한 재료인 원단 판매시장이 있고, 남서 블록에는 소매를 전문으로 하는 점포들이 있다. 두산타워와 밀리오레 등 1990년대 말과 2000년대 초에 건설된 고층 쇼핑몰들이다.

청계천 주변엔 1960년대부터 1980년대까지 실질적으로 동대문 시장 성장을 이끌었던 전통 도매시장들이 있다. 전태일 열사가 일했던 '평화시

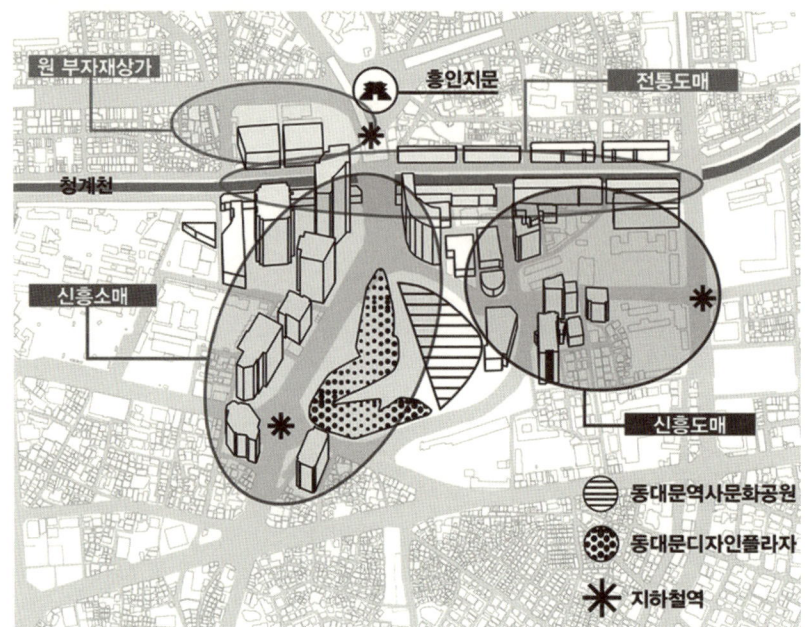

동대문시장 상권 분포 현황

장(1961년 개장)'과 '신평화패션타운(1971년 개장)', '제일평화시장(1981년 개장)' 등이 여기에 속한다.

한편, '동대문디자인플라자'가 있는 구역에는 '아트프라자(1990년 개장)' 등 약 12개 신흥 도매상가들이 모여 있다. 이 신흥 도매상가들은 1990년대 '패션 디자인'이란 개념을 획기적으로 도입하고, 야간 영업을 하는 등 동대문 시장에 새 반향을 일으킨 곳이다.[81]

이처럼 동대문 시장은 크게 도매와 소매시장으로 구분되지만, 실제로는 매우 유연하게 운영된다. 소비자들은 신흥 도매시장에서도 소매 물건을 살 수 있고, 신흥 소매상가에서 판매하는 제품을 신흥 도매상가에서 더 싸게 구입할 수도 있다.

전통 도매상가, 신흥 도매상가, 신흥 소매상가들은 서로 물건을 사고파

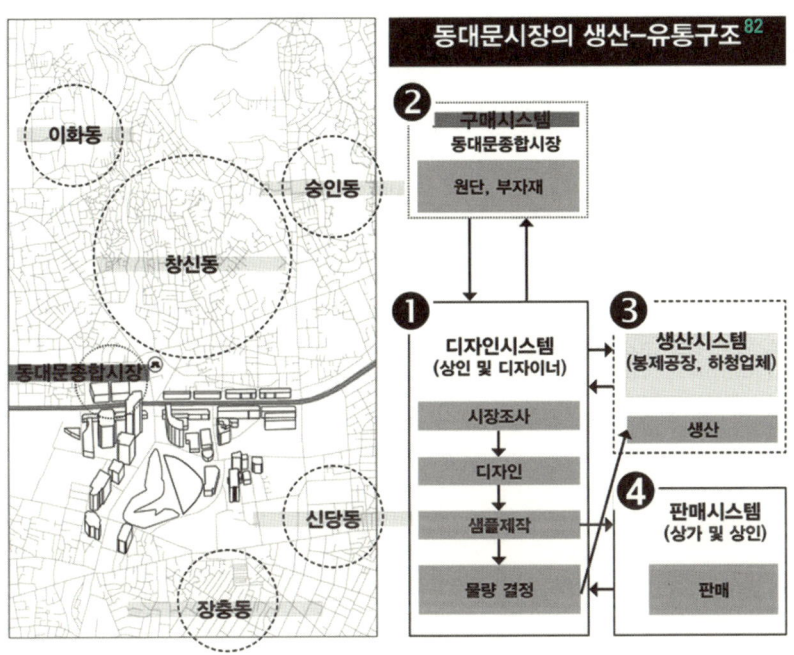

는 협력을 하지만, 때로는 소비자를 사이에 두고 서로 경쟁하는 관계이기도 한 것이다. 일종의 '협력형 경쟁 관계(Coopetition)'다. 마치 애플과 삼성이 스마트폰 시장에서는 경쟁을 하나, 삼성의 메모리와 같은 부품을 애플이 사용하는 측면에서는 협력을 하는 상황과 비슷하다.

거대 쇼핑시설 뒤에 가려진 패션 제조업체들

도소매란 판매시장 뒤에 눈에 잘 띄지 않는 숨겨진 하부 구조가 있다. 바로 상품을 판매하기 전 생산하는 패션 제조산업이다. 제조업체들은 주로 창신동, 숭인동, 이화동, 신당동, 장충동 일대에 걸쳐 있다. 흥인지문(동대문) 주변을 지나다 흔히 볼 수 있는 물건을 실어 나르는 오토바이는 이들 지역에서 생산한 의류 제품을 동대문 시장으로 배달하는 모습이다. 따라서 도소매 시장은 동대문 시장의 단편적 모습에 불과하다.

이들 생산지 중 규모가 가장 큰 곳은 창신동이다. 동대문 시장 북쪽에 위치한 창신동엔 약 3,500여 개의 봉제 공장이 있는 것으로 추산된다.[83] 그러나 창신동 봉제공장이 대부분 부부가 운영하는 가내 수공업 형태이고, 세금과 보험 가입 등을 피하기 위해 사업체 등록을 하지 않는 경우가 많아 정확한 수는 알기 어렵다.

지금과 달리, 과거엔 의류 생산이 동대문 시장 안에 있는 봉제공장에서 이루어졌다. 전태일 열사가 일했던 1960년대 중후반부터 1970년대엔 전통 도매시장 건물 1층은 상점으로, 2층과 3층은 봉제 공장으로 사용되는 경우가 많았다.

동대문 패션타운 vs 뉴욕 패션 지구

동대문 패션타운 내 3만여 개의 점포는 아주 빠른 속도로 패션상품을 기획·생산·판매하고 있으며, 연간 250만 명이 넘는 외국인 관광객이 즐겨 찾는 명소다.[84] 하지만 동대문 패션타운을 글로벌 패션의 리더로 보는 것은 무리다.

글로벌 패션의 중심지라 하면 주로 뉴욕, 파리, 밀라노 등을 떠올리는데, 이 중 뉴욕 패션의 중심지는 맨해튼 서부5가에서 9가 사이에 위치한 뉴욕 패션 지구(Garment District)다. 이곳에는 도매와 소매를 포함해 의

류를 판매하는 상점 수는 2,700여 개가 존재하나, 동대문 시장의 소매상
점과 비슷한 소규모 의류 판매 상점들은 300여 개에 불과하다.[85]

　상점수가 동대문 쇼핑타운에 비해 훨씬 적기에 '여기가 뉴욕 패션의 중
심지가 맞나?'라는 의문이 들 정도다. 3만여 개의 상점이 있는 동대문과
고작 300여 개의 상점이 있는 뉴욕 패션 지구. 둘 사이에는 엄청난 규모의
차이가 있음에도, 전 세계적인 이목은 규모가 훨씬 작은 뉴욕 패션 지구에
집중된다.

　패션 산업은 기획 디자인을 거쳐 제품 생산과 판매로 이어지는 과정을
거친다. 이 중 제품 생산 과정은 더 세분화되어, 양복이나 블라우스 등 옷
의 본을 뜨는 패턴, 옷감을 자르는 재단, 재단된 옷감을 붙여 의류를 만드
는 재봉 등 다양한 직능으로 분화된다.

　일반적으로 제조업은 금융이나 IT산업과 같은 고부가가치 산업으로 여
겨지지 않는다. 패션 산업에서도 재봉처럼 단순 반복 작업이 주를 이루는
제조업 부분은 고부가가치 영역으로 취급되지 않는다. 하지만 패턴이나
재단, 샘플 제작의 경우는 패션 제조업에 속함에도 고부가가치를 창출하
는 데 기여하는 영역으로 여겨진다. 휴고 보스와 알렉산더 맥퀸 같은 세계
적 패션 디자이너들이 재단사 출신이었다는 점과 돌체 앤 가바나의 도미
니코 돌체가 재단사 집안 출신이라는 점은 고부가가치 패션 제조업의 중
요성을 보여주는 방증이다.

　패션산업을 창조산업으로 여기는 영국의 경우, 중앙정부차원에서 패턴
과 재단, 샘플 제작과 같은 패션 제조업 경쟁력 강화에 큰 주안점을 두고
있다.[86] 따라서 산업측면에서 패션산업의 경쟁력을 살펴 볼 때, 단순히 의
류라는 상품을 판매하는 상점의 기능보다는 의류를 디자인하고 만드는 과
정의 경쟁력이 더욱 중요하다.

이런 관점에서 동대문 패션타운을 의류 판매 상권으로만 바라보는 시각은 패션 산업의 고부가가치 영역인 디자인과 패턴, 재단, 샘플 제작 등 제조업의 가치를 도외시하는 것이다.

이에 비해 뉴욕 패션 지구는 패션 산업의 중요 3기능인 디자인과 제조, 판매가 서로 유기적으로 연결되어 있다. 이 중에서도 뉴욕 패션 지구에서 역사적으로 가장 의미 있다고 보는 부분은 판매업이 아닌 제조업이다.

"뉴욕 패션 지구의 역사는 미국 패션의 역사임과 동시에, 도시로부터 환영받지 못했던 노동자와 이민자가 도시에서 그들의 장소를 만들기 위해 치열하게 투쟁하였던 역사다."
- 뉴욕 패션센터 BID 소개 책자 중에서[87]

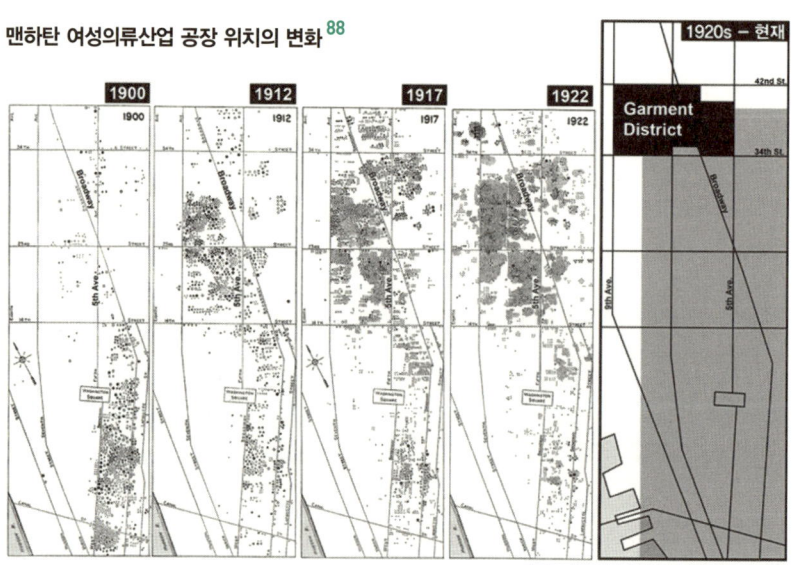

맨하탄 여성의류산업 공장 위치의 변화[88]

뉴욕 패션 지구의 탄생과 성장

미국 패션 산업은 19세기 중반부터 시작되었는데, 당시 뉴욕은 보스턴, 필라델피아와 함께 여러 패션 중심지 가운데 한 곳에 불과하였다. 하지만 1880년대 대규모 유럽계 이민자들이 뉴욕에 정착하기 시작하면서, 뉴욕은 미국 최고의 패션 중심지로 발돋움한다. 저렴한 임금 노동자 집단의 출현이 뉴욕 패션 산업 성장의 기폭제 역할을 한 것이다.

초창기의 패션 상점과 봉제공장은 맨해튼 남부지역에 위치하였으나, 점차 미드타운 주변으로 이주하기 시작하였다. 패션 상점들이 이주한 후 봉제공장들이 작업장을 옮기기 시작하였고 1930년대 가먼트 디스트릭트(Garment District)라 불리는 현재의 뉴욕 패션 지구 모습이 갖춰졌다.[89]

1930~50년대 사이 뉴욕 패션 산업은 판매와 제조가 큰 비중을 차지하였고, 디자인 비중은 상대적으로 높지 않았다. 당시 세계의 패션 중심지는 파리였고, 뉴욕은 파리의 디자인을 약간 변형시킨 수준에 불과하였다.[90]

부동산 시장은 뉴욕 패션 산업에도 큰 영향을 끼쳤다. 1940년대 이후 미드타운 부동산 임대료 상승으로 인해 부가가치 창출이 상대적으로 미약한 패션 업체들은 미드타운을 떠나게 되었다. 이런 와중에 뉴욕 패션 지구는 럭셔리 패션 디자이너들과, 그들과 함께 작업하는 기술력 있는 패션 제조업체들 위주의 지역으로 변모하였고 이들은 함께 뉴욕 패션 지구의 성장을 이끌었다. 디자이너와 제조업체 공존을 통한 뉴욕 패션지구의 성장은 디자이너들로 하여금 제조업체가 패션 산업에서 차지하는 비중이 얼마나 큰지를 자연스럽게 인식하게 하였다.

"만약 패션 디자인 회사를 창업했는데 충분한 자본이 없다면, 당신이 디자인한 옷을(큰돈을 들여서) 중국에서 만들고 다시 미국으로 들여올 순 없지요."
- 예오리 텡, 패션 디자이너

"제가 패션사업을 시작했을 때, 상당한 시간을 디자인 스튜디오와 봉제공장에서 보낼 수밖에 없었어요. 디자인한 옷들이 좋은 품질을 보증하면서 제 기획 의도대로 만들어졌는지를 체크해야 하기 때문입니다."
- 앤드류 로젠, 패션업체 Theory CEO

"당신이 의류사업을 시작한다면 의류봉제업체(및 종사자)를 파트너로 인식하고 적절한 대우를 해야 합니다"
- 셀리 스테피, 패션 디자이너

"의류사업을 처음 시작했을 때, 예전부터 알던 재봉사들이 저를 다른 의류 제조업 종사자들에게 소개시켜줬어요. 사업이 커지면서 더 이상 제 아파트에서 작업을 할 수 없었고, 가먼트 디스트릭트로 옮기기로 결정했죠. 의류사업을 번창시키려면 사업에 필요한 인프라 스트럭처가 있는 곳으로 갈 수밖에 없어요."
- 안나 수이, 패션 디자이너[91]

세계적 패션 리더들이 주장하는 바는 디자인과 패션 제조업은 불가분의 관계이며, 그렇기에 지리적으로 매우 밀접한 지역에 있어야 한다는 것이다. 특히 사업을 시작하는 단계라면 더더욱 패턴과 샘플 제작 같은 고급

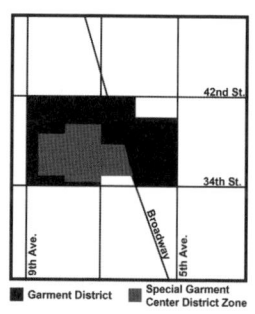

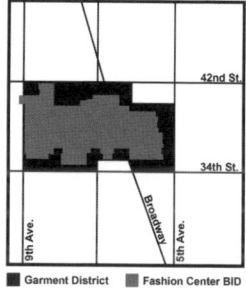

제조기술 인프라가 존재하는 곳에 있어야 한다는 점이다. 또한 디자이너들뿐 아니라 뉴욕시 정부도 제조업의 중요성을 인정하고, 제조업체들이 뉴욕 패션 지구를 떠나지 않도록 각종 도시계획 정책을 수립하여 지원하고 있다.

뉴욕 패션 지구는 디자이너와 패션 제조업 간 시너지 효과를 통해 세계적인 패션 중심지로 발돋움하였으나, 1980년대 후반의 임대료 상승은 다시 한 번 제조업 퇴출 압력으로 작용하였다. 많은 제조업체들이 높은 임대료를 감당할 수 없었고 파산에 처하거나 뉴욕 인근의 브루클린이나 퀸즈, 브롱스 심지어는 바다 건너 아시아로 이주하였다.[92]

패션 제조업 기반의 약화는 패션 중심지로서의 경쟁력 상실로 이어지기에, 뉴욕 패션업계와 뉴욕 정부는 이를 심각한 위기로 인식하였다. 정부는 뉴욕 패션 지구의 제조업을 육성하고 패션 산업을 활성화시키기 위한 기구인 가먼트 산업개발 기구(Garment Industry Development Corporation)를 1984년 설립하였고, 1987년에는 가먼트 디스트릭트 특화지구(Special Garment Center District Zone)를 설정하여 제조업으로 사용할 공간과 상업용 공간을 1대 1 비율로 유지하도록 규제하였다. 1993년에는 지역경제 활성화를 목표로 지역 내 부동산 소유주 26명이 패션센터 경제활성화 지구(Fashion Center Business Improvement District)를 설립하였다.[93]

경제활성화 지구(BID, Business Improvement District)는 지역 발전

및 경제 활성화를 목적으로 특정 지역의 이해관계 조직들이 상호 협의하에 조직을 결성하고 특정 해당 지역을 관리 운영하는 제도다. 지역경제 활성화를 위해 부동산 소유자들이 추가 부담금을 지불하고 지역 산업 마케팅 및 프로모션, 경제개발계획, 치안 유지, 공공시설 유지 보수, 직업훈련, 커뮤니티 서비스 제공 등 다양한 서비스를 펼친다. 이를 통해 지역 경제가 활성화되면 부동산 가격이 오르면서 자연스럽게 부동산 소유주에게 이익이 돌아간다. 이때 지역경제 활성화를 위해 많은 이해당사자들의 이해관계를 조절해야 한다.[94]

패션센터 BID에는 부동산 소유자 조직뿐 아니라 상가 세입자, 주거 세입자, 커뮤니티 이사회, 패션협회 그리고 시정부 등 여러 이해관계자 그룹들이 함께 지역 현안에 대해 토의하고 의견을 절충한다. BID는 미국뿐 아니라 유럽 도시에 다양한 형태로 존재하는데, 2013년 현재 뉴욕시 전체는 67개, 맨해튼 내부에는 22개의 BID가 존재한다.[95]

패션센터 BID는 가먼트 디스트릭트 특화지구보다 약간 넓은 범위를 포괄하는데, 지역의 공공 공간과 공공 프로그램을 지원하면서 지역 활성화에 기여한다. 지역의 아트 프로그램을 후원하고, 뉴욕 패션 지구의 유명 랜드마크인 버튼 모양 조형물도 패션센터 BID에서 제작한 것이다.

뉴욕의 패션센터 BID에서 가장 인상적인 정책은 구역 내 패션 제조업 용도로 사용되는 공간을 유지하는 것이다. 부동산 소유주가 패션 제조업 용도의 공간을 오피스나 상업시설로 변환하기 위해서는 동일한 면적의 패션 제조업 공간을 지역 내 다른 곳에 제공해야 한다. 이는 결과적으로 뉴욕 패션 지구에 존재하는 패션 제조업 공간을 동일하게 유지하도록 만들고 있다. 부동산 소유주 입장에서는 더 많은 임대료를 받기 위해 오피스나 상업시설로 변환하는 것이 유리하기에 반발할 수 있다. 이 부분에 대한 보상의 일환으로 지역 내 미개발 공간에 대한 개발권을 부여하는 정책을 구상 중이다. 예를 들어 공영주차장처럼 지역의 용적률보다 낮게 이용되는 곳을 개발할 수 있는 권리를 주는 것이다. 이를 통해 기존의 패션 제조업체의 공간을 꾸준히 확보하면서 부동산 소유주의 반발을 약화시키고, 더 나아가 새로운 공간을 주거와 상업용지로 개발함으로써 복합용도개발(Mixed-Use Development)을 달성하고자 하는 것이다. 하나의 정책으로 다양한 결실을 얻을 수 있는 셈이다. 이때 개발권을 추가적으로 확보한 부동산 소유주는 높은 수익률을 기대하기에 더 많은 BID 부담금을 지불하고, 이는 지역에 환원되어 더 많은 지역사업을 펼칠 수 있는 종자돈이 된다. 이러한 지역사업에는 뉴욕 패션 지구를 위한 프로모션과 마케팅뿐 아니라, 제조업 공장주에 대한 임대료 보조금 등이 포함된다.[96]

패션 제조업의 중요성

비단 뉴욕뿐 아니라 세계의 많은 도시들이 패션산업 경쟁력 강화를 위해 디자인과 더불어 제조업에 대한 보호 육성 정책을 펼치고 있다. 특히 이들은 패션산업의 본질이 창조산업이라는 특성을 꿰뚫고 있다.

창조산업은 기본적으로 창의력(creativity)과 지적 자산을 활용하여 제품과 서비스를 만드는 산업으로 영국정부의 정의를 따르자면 창조문화산업(Creative and Cultural Industry)이다. 그리고 디자이너의 창조적 상상력에 기반한 패션산업은 창조산업으로 인정받고 있다.[97]

창조산업은 기본적으로 창의력과 지적 자산을 활용하기에, 농촌보다는 도시, 특히 대도시와 같이 양질의 고급 노동력이 밀집한 곳에서 성장한다. 다양한 아이디어를 가진 사람들이 모인 장소가 대도시이기 때문이다. 패션 디자인 역시 당연히 도시에 집중적으로 위치하며, 도시 내에서도 특정 공간에 위치하는 특성이 있다.[98]

창조산업의 또 다른 특징은 창조산업의 연관 산업이 같은 도시에 존재한다는 점이다. 따라서 패션 디자인의 연관 산업인 패턴과 재단, 샘플 제작과 같은 제조업이 도시에 공존해야 한다.

숙련된 패션 제조업의 중요성에 대해 영국이 주는 교훈은 매우 크다. 영국은 패션산업의 부흥을 위해 패션 디자인을 육성하는 정책을 많이 펼쳤다. 하지만 정책의 효과를 평가하는 과정에서 예상치 못한 결과를 발견하였다. 영국에서 육성하고자 했던 패션 디자이너들이 런던을 떠나 파리와 밀라노로 본거지를 옮긴 것이었다. 영국 정부가 파악한 바로는 패션 디자이너와 패션 제조업 간의 관계는 사업의 성패를 결정짓는 매우 중요한 요소인데, 프랑스와 이탈리아는 숙련된 패션 제조업체가 상당히 많을 뿐 아니라, 디자이너들이 제조업의 가치를 이해하고 비즈니스 파트너로 대우한다는 것이었다.[99]

디자인 따먹기, 동대문의 현실

해외의 패션 중심 도시들이 디자인과 제조업의 중요성을 인식하고 역량을 키우기 위해 많은 노력을 하는 데 비해, 동대문 패션타운에서는 아직 이런 노력이 미진하다. 물론 두산타워의 신진 디자이너 육성 프로그램처럼 젊고 재능 있는 디자이너를 키우려는 시도가 있지만, 현실적으로 아직도 디자인 베끼기가 존재하고, 주변 제조업의 실질 공임이 계속 하락하는 상황을 볼 때, 미래가 밝지는 않다.

동대문 시장에 위치한 수많은 점포들은 무한 경쟁에 가까울 정도로 경쟁이 치열하다. 이런 상황에서 새로운 디자인 콘셉트의 옷을 만들어 파는 것은 상점주 입장에서는 매우 큰 위험을 부담하는 일이다. 새 디자인이 시장의 주목을 끌지 못하는 경우, 디자인에 들인 비용과 시간, 즉 투자비와 기회비용이 한순간에 없어지게 된다. 따라서 상점주 입장에서는 새 디자인 제품을 내놓기보다는 시장에서 잘 팔리고 있는 다른 상점의 디자인을 그대로 베끼거나 일부 변형한 옷을 파는 것이 합리적인 선택일지 모른다. 더군다나 디자인 베끼기를 제재할 기관이나 방법이 없다면 더욱 그러할 것이다. 따라서 동대문시장에는 소위 '디자인 따먹기'라 불리는 디자인 베끼기가 존재한다.[100]

이에 더해, 동대문 시장을 둘러싼 외적 환경 역시 결코 녹록치 않다. 동대문이 국내 패스트패션 일번지인 것은 사실이나, 자라, 유니클로 등 경쟁력 있는 외국계 패스트패션 업체들이 약진하면서 동대문을 위협하고 있다. 또한 중국 상인들이 과거 동대문에서 도매 형태로 잔뜩 물건을 구입했는데 현재는 중국에 공장을 차려놓고 동대문에서는 샘플 몇 개만을 구입한 후, 중국에서 대량 생산하여 판매하는 식으로 매매 행태를 바꾸었다.[101]

"동대문은 '원조 SPA 혹은 한국형 SPA로 불려왔으며 인근에 자체 공장을 보유하거나 집적화된 생산업체에게 생산기능을 아웃소싱하여 하루에도 400여 종의 신세품과 고품질의 패스트패션 상품이 완성되는 경쟁력을 지녀왔다. 다양한 제품 구색과 가격 경쟁력을 갖춘 유통 채널임에도 불구하고 글로벌 브랜드의 화려하고 접근성 좋은 점포, 감도 높은 트렌디 디자인의 상품을 제공하는 SPA의 도입으로 타격을 받고 있다. 독자 디자인이 아닌 가격 경쟁에 몰두하여 중국과 동남아시아에서 품질이 떨어지는 원단을 들여오는 등 소비자에게 '싸구려' 이미지로 인식되어 외면받고 있다."[102]

결국 동대문에서는 시장 내부의 치열한 경쟁과 시장 외부의 불리한 상황이 맞물리면서, 사업의 편리성에 따라 디자인의 가치가 경시되고 있다. 패션산업에서 가장 중요한 가치로 여겨지는 디자인마저도 경시당하는 현실에, 패션 제조업의 가치는 너무도 쉽게 외면당하고 있다. 그렇다고 이에 대한 반성과 개선을 바라는 목소리가 결코 없었던 것은 아니다.

"패션산업이 디자인, 소재(원단), 제조의 세 축이 유기적으로 움직이며 이루어지는 산업이고, 3대 축 중 어느 하나라도 무너지면, 전 패션산업에 치명적인 위해 요소가 발생한다. 우리는 3대 축의 하나인 봉제산업에 대해서는 너무도 무관심하다"
- 동대문클러스터연구소 소장 신용남[103]

디자인과 제조업에 대한 가치가 제대로 인정받지 못하는 현실에서도, 동대문 패션타운 내 상점과 의류 제조업체 간 지리적 근접성의 중요성은 충분히 인식되고 있다. 소비자의 트렌드가 빨리 바뀌면서 제품의 소비 주기가 짧아지고 있기에, 의류 생산 역시 매우 빠르게 이루어져야 한다. 따라서 동대문시장 상인들은 봉제공장의 근접성을 매우 중요하게 여기고 있다.[104]

하지만 동대문시장과 봉제공장 간 거리를 중요하게 여기는 것과 패션 제조업의 중요성을 인식하는 것은 별개 문제다. 제조업이 가진 본연적 가치는 여전히 무시되고 있는데, 이는 창신동 봉제공장의 현황을 보면 알 수 있다.

창신동의 위기

창신동은 동대문 인근에서 시작하여 낙산공원까지 이어진 서울성곽의 오른편에 위치한다. 동대문이 조선 전기부터 도성으로 오가는 길목에 위치하였기에 상·공업 종사자들이 낙산 기슭과 청계천 주변에 거주를 시작하면서 창신동이라는 동네가 형성되기 시작하였다. 1961년 평화시장이 들어서면서 동대문 의류공장 노동자들의 주거지로 자리 잡았으며, 1980년 전후로 동대문시장 내 의류공장들이 분화한 소규모 의류공장들이 창신동 주거지로 이전하면서 동대문 의류산업의 배후 생산기지로 변화하기 시작하였다.[105] 이에 따라 창신동의 현재는 주거지와 함께 소수 노동자에 의해 운영되는 엄청난 수의 가내수공업 공장들이 공존하는 곳이 되었다.

비록 똑같은 원단을 이용하여 옷을 만들더라도 의상학과 대학생이 디자인한 옷과 샤넬 같은 세계적 디자이너가 디자인한 옷 가격에는 엄청난 차이가 존재한다. 샤넬의 디자인은 샤넬이라는 브랜드와 함께 엄청난 부가가치의 원천이 된다. 하지만, '디자인 따먹기'가 종종 일어나는 동대문의 경우에는 디자인이라는 부가가치 창출 소스는 가볍게 무시된다.

디자인의 중요성이 무시되는 상황에서 상점주가 더 많은 수입을 올릴 수 있는 방법은 두 가지다. 제품 판매가를 인상하거나 아니면 제품 생산가를 낮추는 것이다. 그런데 동대문시장은 3만 개의 상점이 몰려 있는 완전경쟁 시장에 가깝다. 디자인마저 비슷한 상황에서 제품가격을 올리는 것은 자살행위에 가깝다. 그렇다면 남은 선택은 제품 생산가격을 낮추는 것밖에 없다.

제품 생산가격은 원단 구입비와 의류 생산비(봉제임금)로 크게 분류되는데, 원단 구입비마저 상승세라면 결국은 의류 생산단가를 후려치는 선택이 유일한 대안이다. 그리고 이것이 수십년째 동대문과 창신동 봉제공장 사이에 존재하는 실상이다.

작업단가는 지난 20년 동안 계속 정체 상태다. 1980년대 말 점퍼 한 장 박음질 공임이 5,000원이었던 것이 2000년대 초반에는 오히려 4,000원으로 떨어졌고, 현재는 대략 5,000원 남짓이다. 하지만 디자인이 과거에 비해 복잡해져 한 장을 박음질하는 데 들어가는 시간은 더 늘어났다.[106]

작업단가를 실질가격으로 환산하면 1989년 5,000원의 2012년 말 가치는 15,000원에 이른다. 즉 물가 상승률만큼만 인상하여도 점퍼 한 장 박음질 공임은 15,000원은 되어야 하는 셈이다. 하지만 현재도 5,000원밖에 안 된다는 것은 23년에 걸친 기간 동안 실질임금은 3분의 1 수준으로 하락했음을 의미한다. 실질임금이 3분의 1 수준으로 하락했다면 노동자들의 생활수준이 과거보다 더 열악해졌음은 명확하다.

실질소득이 하락하는 가운데 과거의 생활수준을 유지하려면, 노동 시간을 지속적으로 늘리는 길 외에 뾰족한 수가 없다. 따라서 창신동 봉제공장 노동자들의 노동 시간은 어마어마하다. 8~10시간 근무 노동자가 전체 46%, 11~12시간이 30%, 12시간 이상이 23%에 이른다.[107] 8시간의 법정 노동 시간을 넘기는 건 당연한 일이고, 하루 11시간 이상의 장시간 노동이 절반을 넘는다.

그리고 토요일, 일요일, 공휴일에도 주문이 언제 떨어질지 모르기 때문에 항상 긴장 상태로 대기해야 한다. 여름과 겨울 비수기에는 한 달여 걸쳐서 손을 놓는 비수기마저 있다. 따라서 여러 달 몰아서 일하고 몇 달은 노는 구조 때문에 직업의 안정성 역시 매우 떨어진다.

> "창신동의 봉제 노동자들은 정규직도 비정규직도 아니다. 비정규직은 계약 기간이라도 보장받지만, 이들은 일이 있으면 하고 없으면 그만이다. 노동자 자신이 일감을 따다 집에서 일하거나, 공장에 나간다 해도 당일 작업량에 따라 임금을 받는 '객공' 방식이다. 피고용인과 처지가 별로 다르지 않은 영세 사업주는 사업자 등록도 하지 않고, 보너스나 휴가, 수당 개념도 없고, 보험과 연금 혜택도 일절 없다"
> – 오수연, 《웹진 인권》 창신동 관련 기사 중에서[108]

저임금에 장시간 노동이라는 열악한 상황에서 양질의 노동력이 봉제산업에 유입되기를 기대하는 것은 순진한 생각이다. 그리고 실제로 신규 노동력이 봉제산업에 진출하고 있지 않기에 노동력 고령화라는 심각한 문제점을 낳고 있다. 국내 의류봉제업체 종사자 중 50대 이상 비중이 57%에 달하는 데 비해 30대 이하 비중은 7.4%에 불과할 정도로 젊은 층의 봉제노동 기피는 심각하다. 이에 반해 디자이너는 30대 이하 비중이 63%에 달하고 있다.[109]

봉제 인력 노령화의 문제는 창신동에서도 나타나고 있는데, 심각한 것은 봉제 인력의 고령화가 기술력의 단절과 패션산업 경쟁력 악화로 이어질 수 있다는 점이다. 본격적으로 나이 든 노동자의 은퇴가 시작되면 영국이 직면했던 숙련 제조 인력 부재의 문제를 우리 역시 겪을 수밖에 없다.

동대문시장 vs 창신동 봉제공장: 종속적 착취적 관계

'젊은 층이 봉제공장 근무를 기피하는 이유는 무엇일까?' 이에 대한 답은 명확하다. 실질임금이 십수 년간 지속적으로 떨어지고 있다면, 그 직종의 미래 임금이 상승할 것이라고는 아무도 생각하지 않는다. 일본인들이 과거 20년에 걸친 디플레이션에 길들여져 소비를 주저하는 것과 마찬가지다. 젊은 층 입장에서는 실질임금이 과거 20년 전에 비해 3분의 1 토막이 났고, 앞으로도 개선의 여지도 없는 데다, 근로여건마저도 좋지 않다면 선택은 명확하다. 당연히 그런 직종에서 근무하기를 거부할 것이다.

더군다나 중국과 베트남, 캄보디아 등 우리보다 제조업 임금이 싼 국가의 노동력은 넘쳐난다. 사실 창신동 봉제공장 노동자들은 서울이라는 거대한 도시의 한복판에서 일하고 있지만, 그들의 경쟁 상대는 중국과 베트남, 캄보디아의 노동자들이다.

따라서 '젊은 층이 봉제공장 근무를 기피하는 이유는 무엇일까?'에 대한 질문에 앞서 생각할 부분은 '왜 창신동 봉제공장의 임금 수준은 저리도 변화가 없을까?'라는 질문에 대한 답을 구하는 것이다. 앞서 설명한 바와 같이 패턴과 샘플 제작 등 고부가가치 패션 제조 분야는 패션 디자인과 더불어 창조산업인 패션산업의 핵심 역량이다. 그리고 이 핵심 봉제기술의 유무는 글로벌 패션타운으로 성장할 수 있느냐를 좌우하는 중요한 요소다.

창신동 봉제공장의 임금 수준에 대한 이해를 위해서는 우선 창신동 봉

창신동 꼭대기 근방의 호프집마저도 봉제공장으로 바뀐 모습

제공장의 형성 과정을 이해할 필요가 있다. 과거 동대문시장 내 위치하였던 봉제공장은 1980년대 초반부터 주변 지역으로 옮겨가기 시작했다.[110] 봉제공장의 공장장이 공장 소속 재단사에게 공장을 차리도록 했는데, 일종의 분가 또는 아웃소싱 형태로 생산방식을 변화시킨 것이다. 사실 이는 노동자 입장에서도 좋을 수밖에 없는 것이 본인의 신분이 노동자에서 어엿한 사업체의 사장으로 변한 것이기 때문이었다. 따라서 과거 동대문시장 2, 3층에 있었던 엄청난 규모의 봉제공장들은 현재 모두 상점으로 바뀌었다. 그리고 독립한 소규모 단위 공장들이 창신동을 비롯하여 숭인동, 이화동, 신당동 등으로 스며들게 되는데, 특히 노동자들의 주거지였던 창신동은 가내수공업 형태 공장들이 폭발적으로 증가하기 시작한다. 게다가 2000년 이후 동대문 주변의 주거지들이 재개발로 인해 아파트단지로 바뀜에 따라, 해당 지역에 있던 공장들이 창신동으로 이전하면서 그 수는 더욱 늘어나게 되었다.

봉제공장이 위치할 장소가 아니겠지 싶은 곳도 봉제공장으로 사용되는 경우가 많기에 얼마나 많은 봉제공장이 창신동에 소재하는지는 가늠하기가 쉽지 않다.

창신동의 봉제공장 수는 여러 기관들의 추론에 의하면 2,500~3,500여 곳 사이로 추정된다. 《한겨레》에 의하면 창신2동 주민자치센터 일대

420가구를 조사한 결과, 총 가구 36%에 해당하는 153가구의 봉제공장이 있었고, 이를 같은 밀도로 창신동 전 지역을 추정해보면 3,500여 곳의 봉제공장이 있을 것으로 보았다.[111] 그리고 이 가운데 직원이 5명 이하인 곳이 77.1%라고 한다. 아주 영세한 가내수공업 형태를 띠고 있는 경우가 태반이라는 것이다. 특히 부부에 의해 공장이 운영되는 2인 형태가 많다. 작은 동네에 3천여 곳의 개별 공장들이 존재한다는 것은 사실 완전경쟁 형태에 가깝다.

더군다나 공임이 실질적으로 3분의 1 토막 난 것은 공임을 지불하는 동대문시장과 창신동 봉제공장 간 관계에서 동대문시장이 압도적 우위에 있음을 증명한다. 창신동 봉제공장들이 하나의 조직으로 뭉쳐서 가격 협상을 벌인다면 그렇게 속절없이 당하지는 않았을 것이다. 그러나 현실적으로는 3천여 곳이나 되는 봉제공장들이 완전경쟁 체제에서 '슈퍼 갑'인 동대문 상인들에게 종속적 관계를 맺을 수밖에 없고, '슈퍼 을'인 본인들끼리 경쟁하면서 제 살 깎아먹기를 하고 있는 중이다. 따라서 1980년대 노동자 신분에서 현재 사장으로 그들의 신분이 수직 상승하였다고 보는 것은 큰 착각이다.

1980년대 노동자 신분이었을 때에는 전태일 열사의 영향으로 노동조합이 그나마 활동하였기에, 사업주에 대항하여 자신들의 권리를 요구할 수 있었으나 지금은 다르다. 극심한 경쟁 체제에서 동대문의 주문에 목을 맬 수밖에 없는 형편이다. 그렇기에 공임을 50원, 100원이라도 싸게 해서 주문을 확보하려는 경쟁이 치열하다.[112] 외형적 신분 상승이 실질적 신분 상승으로 이어지지 않은 것이다. 소규모 사업장들의 연대가 절실히 필요한 상황이다.

"경기가 나쁘니 일감을 크게 줄어든 데다 싼 수입 제품과 해외 SPA 브랜드가 쏟아져 들어와 힘든 점이 많다."

"지금 봉제노동자들이 대부분 40~50대인데, 젊은 사람들이 충원되지 않아 10년 후쯤 되면 일할 사람이 없어질지도 모른다."

"외국인 노동자가 3년 숙련돼서 일을 시킬 만하면 고용허가 연장이 힘들어 낭패를 본다. 결국 불법체류자를 쓰다가 단속에 걸려 몇백만 원 벌금을 무는 경우도 있다."

"옛날 시설 그대로의 좁고 번잡한 근무환경이다 보니 다들 3D 업종으로 보는 경향이 있어 불만이다."

"원청을 줄 때 납품을 밤 12시~1시까지 맞춰달라고 하니, 봉제공장도 그때까지 일을 할 수 밖에 없다. 봉제 노동자들은 쉬고 싶어도 주말이 없는 시스템이다."

"옷 하나 만들면 퀵이 15번 온다. 부자재 등 봉제 제조에 딸린 산업들 그만큼 많다는 뜻이다. 봉제 제조업이 무너지면 다 무너진다."
- 현장의 고충, 2012년 11월 12일 서울의류봉제협동조합 관계자들과 심상정 의원 간담회에서

무엇이 랜드마크인가?

디자인과 제조업의 가치를 무시하면서 동대문을 단순히 거대한 상권으로 바라보는 인식이 지배적일 때, 우리는 이 지역의 공간적 특성에 대해 굉장히 편협한 생각을 가질 수 있다. 동대문시장의 크기가 세계적인 규모이기에, 그 랜드마크 역시 세계적인 규모여야 한다는 것이다.

> "동대문디자인플라자는 세계적인 랜드마크가 되어 외국인 관광객이 연간 210만 명에서 280만 명으로 늘어나고, 향후 30년간 53조 7천억 원의 생산 유발 효과와 44만 6천 명의 고용 유발 효과가 날 것이다."
> – 2010년 9월, 서울시 디자인서울 총괄본부, 세계 디자인의 메카 동대문디자인플라자 운영계획

하지만 랜드마크의 사전적 의미를 살펴보면, 랜드마크의 규모가 초대형이어야 할 필요는 없다. 랜드마크는 어떤 지역의 정체성을 알려주는 것으로 그 지역을 다른 지역과 구별되게 만드는 객체(object)라 할 수 있으며, 일반적으로 건물이나 상점 또는 산 등 물리적인 객체가 된다.[113]

따라서 랜드마크가 반드시 거대하거나 웅장할 필요는 없다. 한 지역을 다른 지역과 구별하거나 또는 한 지역에서 그 지역에 위치한 다른 사물과 구별되는 것은 크기와 상관없이 랜드마크가 될 수 있다. 예를 들어 어떤 도시의 모든 건물이 2층짜리 단독주택이라면, 30층짜리 아파트가 랜드마크가 될 수 있다. 반대로 어떤 도시의 모든 건물이 100층짜리 오피스 건물이라면, 2층짜리 단독주택이 랜드마크가 될 수도 있다.

랜드마크는 주변과 비교되는 독특한 성질을 가지며, 시간에 따라 변화

마무리 공사가 한창인 동대문디자인플라자

하기도 한다. 앞의 예에서 모든 건물이 과거에는 2층 단독주택이었는데, 시간이 100년쯤 흘러 모두 30층 아파트로 변화하였다면, 100년 전에 세워진 30층 아파트는 더 이상 랜드마크가 아니다.

동대문 패션타운에는 동대문디자인플라자(DDP)라는 면적 8만 5천m^2(공원포함 면적이며 건물 연면적은 4만여m^2)에 이르는 세계 최대의 비정형 건축물이 2014년 상반기 오픈을 눈앞을 두고 있다. DDP는 전임 오세훈 서울시장의 디자인 서울 정책의 역점 사업 중 하나로, 동대문운동장을 철거한 자리에 디자인 관련 전시장과 컨벤션센터를 갖춘 디자인 메카를 건설하려는 취지에서 시작된 개발 사업이다.

하지만 이 건물은 현재 수많은 문제를 노출하고 있다. 지난 시기 워낙 졸속 대형 프로젝트가 많았기에 초기 공사비가 3,700억 원에서 40%가량 증액되어 총 공사비가 5,000억 원으로 늘어난 것은 차치하더라도, 그 정도 금액의 대형 사업을 벌이면서 내부에 어떤 기능이 들어갈지를 결정하지 않은 채 건물부터 지은 것은 대단한 잘못이었다. DDP의 연면적은 63빌딩 전체 면적의 4분의 1에 해당한다. 그런데 이런 대규모 건물을 건설하

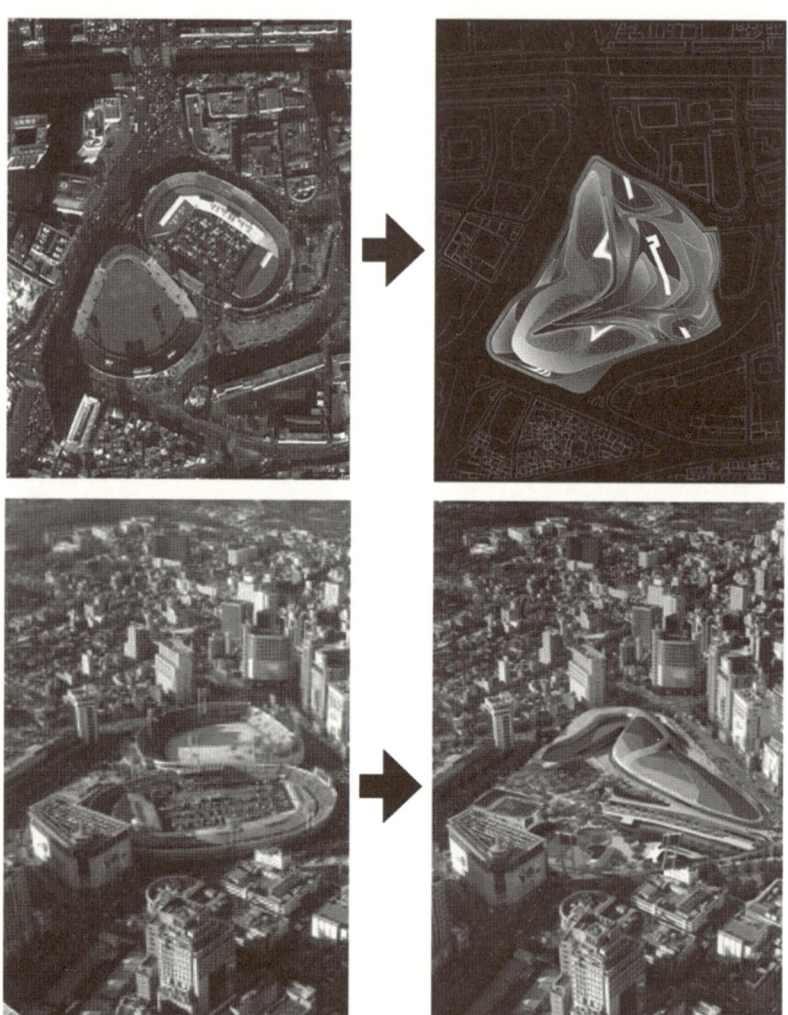

동대문디자인플라자 조감도

리씽킹 서울
Rethinking Seoul

자하 하디드가 설계한 광저우 오페라하우스 ⓒ 최성은

면서, 어떤 소프트웨어 기능이 들어가야 동대문 패션타운과 시너지를 낼 것인지에 대한 고민이 부족하였다. 건물 완공이 눈앞에 닥친 상황에서 새로 취임한 박원순 서울 시장은 시민 의견을 청취하여 도대체 무슨 기능을 넣어야 할지부터 고민할 수밖에 없었다.

'세계적 건축가가 지은 건물은 어떻게든 되겠지'라는 맹신이 가져온 만용이었다.

동대문디자인플라자는 유명 건축가 자하 하디드Zaha Hadid가 설계하였다. 그녀가 설계한 건물이 정말 사람들을 끌어들일 수 있을까? 질문의 답은 광저우 오페라하우스에서 찾을 수 있다. 자하 하디드가 설계한 광저우 오페라하우스를 보기 위해 광저우를 방문할 사람이 얼마나 될까? 그런 사람을 찾기 힘들다면, 서울의 DDP를 자하 하디드가 설계했다고 찾는 사람 역시

르코르뷔지에가 설계한 카펜터센터

왼발 끝이 반짝반짝 빛나는 존 하버드 동상

리씽킹 서울
Rethinking Seoul

매우 소수일지 모른다.

　사람들이 동대문을 찾는 이유는 동대문이 동대문이기 때문이다. 서울이라는 대도시 안에 동대문이라는 거대한 패션 상권이 있고, 그곳에서 24시간 내내 생생한 서울 시민의 삶을 볼 수 있기에 방문하는 것이다.

　자하 하디드보다 더 위대한 건축가, 근대 건축의 아버지로 불리는 르코르뷔지에가 설계한 작품이 미국에 딱 한 군데 존재한다. 하버드 대학교 카펜터센터라는 곳이다. 하지만 건축학 전공자를 제외한 일반인들은 그 건물이 누구에 의해 설계되었는지 모른다. 그리고 더 중요한 점은 사람들이 르코르뷔지에의 작품인 카펜터센터를 보기 위해 하버드를 방문하지는 않는다는 것이다. 그들이 하버드를 방문하는 이유는 하버드대학교가 거기에 있기 때문이다. 설명이 필요 없는 세계 최고 대학이라는 스토리가 있기 때문이다. 제아무리 20세기 근대 건축의 아버지가 지은 건물이라 한들 전 세계 최고 대학이라는 스토리에 묻혀버릴 뿐이다.

　어느 누구도 카펜터센터를 하버드대학교의 랜드마크로 여기지 않는다. 하버드 대학교의 랜드마크는 하버드 교정 안에 있는 하버드대학교 설립자 존 하버드의 동상이다. 존 하버드 동상의 왼발 끝 모서리는 반짝반짝 빛나는데, 여기를 만지면 자손들이 하버드에 입학할 것이라는 속설 때문이다. 하버드를 방문하는 사람들이 반드시 보고 만지고 사진 찍는 이곳은 전혀 증명되지 않은 스토리의 힘이 위대한 설계가의 작품을 이긴 방증이다.

　동대문에도 이런 스토리를 간직한 곳이 있었다. 동대문운동장과 그 지표아래에서 쏟아진 어마어마한 역사유산이었다.

　동대문운동장은 우리에게는 한일전 경기, 고교야구 등 각종 스포츠 경기와 시민행사가 열렸던 근현대의 추억이 서린 장소다. 하지만 동대문운동장은 철거되었고, 그 자리에 바로 동대문디자인플라자(DDP)가 들어설 예정이다. 하지만 아쉽게도 DDP를 통해 한국의 근현대 기억과 장소성을 느끼기는 쉽지 않다. 세계적인 건축가의 작품은 과거 그 장소에 어떤 활동이 벌어졌는지를 도저히 알 수 없다. 또한 '비즈니스센터'와 '디자인뮤지엄' 뒤쪽에 드리워진 폭 35m, 길이 120m에 이르는 지붕은 한옥의 처마를 형상화했다고 하는데, 설명을 듣기 전에는 알아채기 힘들다.[114]

한옥 처마를 형상화시켰다고 하는 동대문디자인플라자 지붕

동대문운동장에는 스토리뿐만 아니라 역사자원 또한 숨어 있다. 동대문운동장을 철거한 자리에서 2만 5천여 점에 이르는 다양한 시기의 유물들이 쏟아져 나왔다. 역사의 도시 서울의 4대문에서 나온 거대한 선물이었다. 동대문운동장 지표면 3~5m 아래에서 멸실된 것으로 알려졌던 서울

동대문운동장 부지에서 발굴된 역사 유적들 ⓒ 연합뉴스

성곽과 함께 이간수문이 발굴되었다. 성벽 총길이 123m, 높이 4~5m, 너비 8~9m에 달하는 성곽에, 이간수문의 높이는 기단석을 기준으로 8m에 달한다. 그 외에도 염초청, 훈련도감의 분영인 하도감, 무기와 화약 공방, 무기고 등 다양한 시기의 여러 유적들이 발견되었다.[115]

조선 전기부터 중기, 후기, 대한제국기와 일제시기 등 서울 600년의 역사를 고스란히 보여주는 흔적이 발굴된 것이다. 다행히 박물관 설립과 보존 등을 통해 흔적을 남기려 하나, 이런 역사성은 DDP라는 용도를 알 수 없는 건물에 가려진 형국이다.

처음에 이상하게 보이는 건물도 자주 보면 눈에 익숙해지기 마련이다. DDP 역시 자주 마주하다 보면 지금과 같은 이질감은 사라질지 모른다. 그러나 DDP가 동대문 패션타운의 장소성과 역사성을 담보하는 진정한 랜드마크가 될 것인지는 의문이다. 진정한 랜드마크는 크기의 문제가 아니라, 장소성과 역사성에 대한 기억을 가졌는지가 중요하기 때문이다.

장소성과 봉제 노동자의 노력을 한눈에 드러내는 뉴욕 패션 지구의 랜드마크

진정한 랜드마크란 어떤 것인지에 대한 해답은 뉴욕 패션 지구의 조형물을 보면 알 수 있다. 의미를 단박에 알 수 있는 큰 단추와 바늘, 그리고 재봉틀을 돌리고 있는 허리 굽은 노동자 조형물은 이 지역이 패션 지구라는 장소성을 드러내면서, 동시에 뉴욕 패션 지구에 봉제 노동자들의 땀과 눈물이 배어 있음을 알려준다.

8만 5천m^2 규모의 도저히 용도를 알 수 없는 자하 하디드의 DDP 그리고 뉴욕 패션 지구의 자그마한 조형물, 무엇이 진정한 랜드마크인가?

동대문 공원화사업과 동대문디자인플라자

동대문운동장을 공원으로 만들려는 계획은 2006년 이전부터 존재하였고, 2006년 오세훈 시장이 들어선 후 900억 원의 예산을 들여 실제로 추진하려고 하였다. 그러던 2007년 초, 공원화와 더불어 월드디자인플라자(동대문디자인플라자, DDP)라는 건물을 건설한다는 계획이 추가되었다. 2007년 벌어진 일을 살펴보면, 그해 2월 월드디자인플라자 건립 타당성 연구가 시작되어 해당 연구가 9월에 종료되었다. 하지만 연구 결과가 발표도 되지 않은 2007년 4월 건축가 8명을 지정하여 설계 공모 후, 8월 자하 하디드를 설계자로 지목하였다. 그리고 900억 원의 예산은 3,700억 원으로 증액되었다.[116] 최종 공사비는 더욱 늘어나 무려 4,923억 원에 달한다.[117]

동대문디자인플라자 건설계획은 새로운 시장이 들어서면서 1~2년이라는 짧은 기간에 급박하게 결정되었고, 주요 계획이 초기의 공원에서 건물로 뒤바뀌었다. 그리고 예산은 초기보다 무려 4배 이상 증가한 3,700억

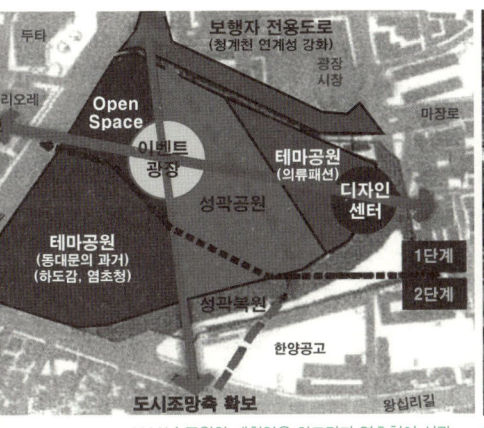

2006년 공원화 계획안은 하도감과 염초청이 성곽 내부에 있었음을 보여준다.118

현재 개발 모습(2013년 5월 3일 구글 어스 자료). 하도감, 염초청은 성곽 밖으로 이전되었다.

원이 책정되었다. 여기서 가장 큰 문제점은 앞서 설명한 바와 같이, 63빌딩 4분의 1 규모의 건물을 지으면서 구체적인 건물 활용 계획이 없었다는 점이다.

절차상의 문제와 무계획성의 문제를 뛰어넘는 더 큰 문제는 역사자원의 보존 문제다. 서울시의 2006년 공원화사업계획대로 개발이 되었더라면, 역사자원들이 제대로 보존되었을 가능성이 높다. 당시 서울시 자료에 의하면, 서울시는 이미 중요 유적들이 어디에 분포하는지를 정확히 알고 있었다. 하도감은 조선시대 최대 중앙군영인 훈련도감의 본영으로서, 서울을 방위하고 치안을 담당하며 왕을 호위하는 역할을 담당하였다. 따라서 하도감은 당연히 서울성곽 내부에 있어야지 외부에 있을 수 없다. 실제로 DDP 건설 과정에서 발굴된 하도감과 염초청 등은 서울 성곽 내부에서 발견되었다. 그럼에도 서울시는 중요 유적을 외부로 이전시킨 후 그 위에 DDP 건설을 밀어붙였다. 군사시설이 성곽 밖에 위치하게 한 것은 도시를 거꾸로 보여주고 있는 것과 다름없다.

13층짜리 오사카 시립역사박물관 건물터는 고대 궁궐 유적지 나니와

풀과 나무와 돌로 꾸며진 정원 모양새의 동대문역사문화공원

일본 교토의 료안지 정원 ⓒ 손용훈

궁터의 일부였다. DDP처럼 유적 파괴 논란이 있었으나, 오사카는 시간을 갖고 전문가들과 시민들의 토의를 통해 개발을 진행했다. 계획 이전 7년여에 걸쳐 의견을 수렴한 끝에 유적을 없애거나 이전하는 방식을 취하지 않고, 유적 그 자체를 지하에 보존한 후 고층 박물관 건설에 들어갔다. 현재 이곳은 오사카의 랜드마크가 되었다.[119] 하지만 DDP 건설 당시 유적 조사에 걸린 시간은 고작 1년(실제 조사일 348일)이었다.

서울시는 과거 수십년간 서울 성곽을 복원해왔다. 하지만 시민들이 성곽을 보기 위해서는 낙산 또는 인왕산, 북악산, 남산 등 산으로 올라가야 한다. 서울 시내 평지에 위치했던 성곽들은 개발 압력에 밀려 대부분 철거되었기 때문이다. 동대문운동장 부지를 파면서 발견된 도심 내부의 120미터 규모의 거대한 성곽은 어떤 의미에서는 축복이었다. 사람들이 굳이 산에 가지 않더라도 도심 한복판에서 거대한 성곽을 바라보면서 역사 도시 서울의 진면목을 볼 수 있었다. 그리고 성곽을 입체적으로 보존함으로써, 성곽 내부와 외부의 도시기능이 어떻게 다른지도 보여줄 수 있었다.

물론 동대문역사공원 내 성곽은 나름대로 보존에 신경을 썼다. 하지만 역사의 도시 서울의 성곽은 정체 모를 DDP에 가려져 있다. 동대문역사문화공원 지하철역을 내리면서 우리가 기대한 성곽은 역사도시의 전통적인 성곽이 아닌 DDP라는 새로운 성곽이다.

더욱 아쉬운 점은 유적을 이전하여 보전한 모양새가 역사적인 느낌(Historic Feeling)을 일으키기에 부족하다는 것이다. 만약 역사문화공원임을 모르는 상태에서 바라보았을 경우, 이곳은 예쁜 정원 위에 돌을 규칙적으로 올려놓은 것 정도로밖에 보이지 않는다. 그리고 어떤 면에서는 일본 성원과 비슷하다는 느낌이 들지 않을까 싶다.

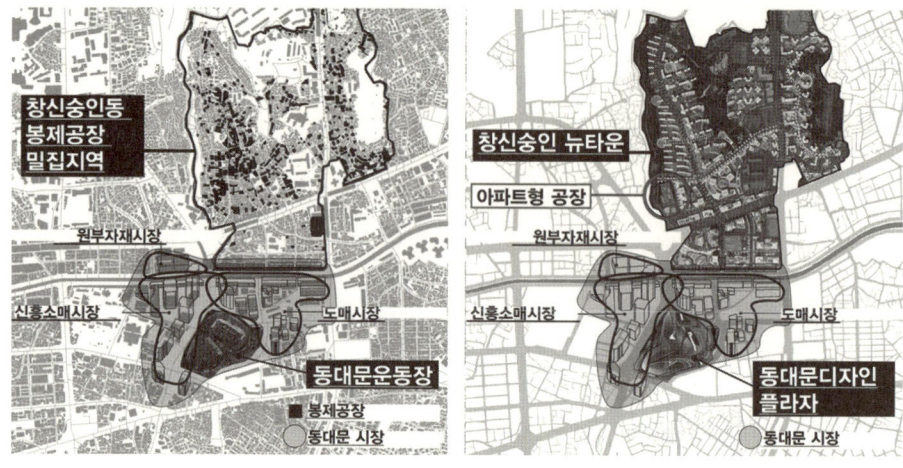

동대문 경쟁력 죽이기: 창신 숭인 뉴타운 계획

뉴욕과 동대문의 차이점은 패션산업의 핵심 가치인 디자인업과 제조업에 대한 인식의 차이다. 이 차이는 디자인과 제조, 판매의 유기적 연관성을 중시한 뉴욕과 달리, 판매만을 핵심 기능으로 치부한 동대문의 인식과 직결된다. 동대문을 단순히 패션 상권만으로 이해한 나머지 제조 기능을 천시하는 인식은 동대문 상권을 파탄 낼 뻔했던 서울시 정책으로 드러났다.

앞서 설명한 바와 같이 동대문시장 경쟁력은 디자인이 아닌 가격이며, 그 핵심은 생산비용 절감이다. 창신동과의 착취적 관계가 경쟁력의 원천인 셈이다. 따라서 동대문의 경쟁력은 창신동에서 나온다고 볼 수 있다. 하지만 창신 숭의 뉴타운 개발계획은 이 지역을 헐어버리고 거대 아파트 단지를 건설하는 것이었다. 만약 이 계획이 현실화되었다면, 창신동 소재 봉제공장들은 이 지역을 모두 떠나야 했을지 모른다.

리씽킹 서울
Rethinking Seoul

"서울시는 현대식 봉제건물을 세워서 봉제공장들을 입주시킨다는 계획을 제시했습니다. 하지만, 영세한 가내수공업 봉제공장들이 새 건물로 들어가기에는 (예상) 임대료가 너무 비쌌습니다. 따라서 계획안대로 개발이 발생했다면, 창신동 봉제공장은 다 쫓겨났을 겁니다."
- 창신동 봉제공장주 OOO 씨 인터뷰, 2013년 4월 15일

다른 뉴타운 개발계획과 비교하여 창신 숭의 뉴타운 계획이 더 많은 비난을 받아야 하는 이유는 지역 커뮤니티 해체와 더불어 지역 주민들의 생계수단이자 패션산업의 기반마저 무너뜨릴 개연성이 있었다는 점이다. 그리고 이는 필연적으로 동대문 시장 의류가격 상승과 경쟁력 상실을 이어졌을 것이다.

산업 생태계에 대한 분석도 없이 발표된 서울시의 뉴타운 계획은 지역

창신 숭의 뉴타운 조감도에서 조그맣게 보이는 봉제공장 건물¹²⁰

내 찬반 분란을 일으켰을 뿐만 아니라, 외국인들이 선호하는 관광1번지 동대문의 경쟁력을 무너뜨리는 것이었다.

창신동의 자원과 가능성

창신동 꼭대기에 위치한 낙산공원은 최근 각광받는 드라마 촬영장이다. 동숭동에서 또는 동대문 방향에서 서울 성곽길을 따라 오르면 나오는 이 나지막한 언덕 위 공원은 서울 강북의 동서남북 모든 방향을 시원하게 바라볼 수 있는 훌륭한 조망을 가진 곳이다.

  봉제공장의 집산지라는 창신동의 특징은 1970~80년대 서울의 모습을 고스란히 간직하고 있는 물리적 환경과 맥을 같이 한다. 그렇기에 창신동은 과거를 배경으로 하는 영화의 촬영 장소로도 많이 등장한다. 가깝게는 영화《건축학 개론》을 들 수 있는데, 영화 속 배경은 정릉이지만 실제 촬영은 창신동에서 이루어졌다. 또 창신동의 남쪽, 창신시장 부근에는 아직 한옥들이 많이 남아 있다. 낡고 허름한 한옥도 있지만 깔끔하게 리모델링하여 외국인을 위한 게스트하우스로 쓰이기도 한다.

  오늘날 북촌을 만든 사람들은 북촌이라는 독특한 환경에 주목한 외부인들이었다. 외부인들은 북촌 한옥과 주변 공간에 매료되었고, 그곳에서 작업하는 것이 이들에게 필요한 창의성에 긍정적인 역할을 할 것으로 보았다.

  창신동 역시 독특한 환경을 갖고 있다. 낙산공원, 서울 성곽길, 꾸불꾸불하고 높디높은 골목, 오래된 한옥들, 그리고 주변 이화동의 1950년대

각종 드라마의 촬영지로 각광받고 있는 낙산공원

창신동 남쪽 부근의 한옥 밀집지역

낙산공원과 이어지는 창신동의 서울 성곽길

폐허기 된 이화동의 오래된 건물

대한영단주택 건물들.

창신동을 처음 마주할 때 드는 느낌은 산뜻함, 깔끔함과는 거리가 멀다. 보는 사람에 따라서는 도저히 가능성이 없는 지역으로 여기기에 충분하다. 하지만 가능성의 징조는 창신동보다 더 노후화된 바로 옆 이화동의 변신에서 나타난다.

자료 사진에서 보듯 이화동 소재 건물들의 상태는 창신동보다 더 심각하다. 창신동은 최소한 봉제공장으로 사용 중이기에 건물 외관이 아주 깔끔하거나 세련되지는 않아도 제대로 유지 관리는 되고 있다. 하지만 이화동 건물 가운데 몇몇은 폐허 일보 직전이다.

그럼에도 이화동 주택들을 무시할 수 없는 것은 그 역사성과 건축적 특이함 때문이다. LH공사의 전신인 대한영단주택이 1950년대 대단지로 개발한 이화동 일대는 당시의 도시 구조가 고스란히 남아 있다. 이 독특함으로 인해 인근 건물들이 서서히 변화하는 중이다. 한 건물은 곧 갤러리로 바뀔 예정이며, 문화예술인들이 작업장으로 사용하기 위해 이 지역에 들어오고 있다. 아쉬운 점은 변화의 가능성이 나타나는 이곳도 재개발로 묶여 있다는 것이다.

이화동 벽화골목의 새롭게 단장한 건물

　이화동 대한영단주택, 구로공단의 창고카페, 성수동의 대림창고는 한옥이 아닌 근현대 건물들이 원형을 간직한 채 새로운 기능을 만나면서 되살아나는 모습을 보여준다. 상하이 티엔즈팡에서 보았던 변신의 가능성이 이제 서울에서도 시작되고 있음을 예시하고 있다.

　창신동 소재 건물들은 다른 지역에 비해 시선을 끌만한 구조적 차별성이 크지 않기에 변화가 늦을 수도 있다. 하지만 창신동에서도 변화의 기운은 감지된다. 젊은 예술가와 사회적 기업이 창신동을 기반으로 사회적 가치를 향상시키고자 노력하면서, 기존 공간을 창조적으로 변형하여 사용하고 있다.

　창신동의 가장 중요한 잠재력은 동대문 패션타운의 생산기지 기능이다. 세계적 디자이너 중 재단사 출신이 많다는 점에서 볼 수 있듯 고급 제조인력 양성은 창신동을 단순한 봉제공장 집합소가 아닌, 패션 디스플레이 장소로 성장시킬 원동력이 될 수 있다.

젊은 예술가와 사회적 기업이 창신동을 변화시키고 있다.

창신동에서 완성된 의류를 직접 보고 입을 수 있는 공간이 존재한다면, 지역 기반 패션산업과 관광산업의 성장을 일으킬 수 있다. 예를 들어 외부 관광객이 창신동의 고급 재단사를 방문하여 치수를 잰 후 다음날 바로 만든 옷을 가져가게 한다면, 패션산업과 관광산업 활성화에 일조할 수 있다.

창신동은 봉제공장, 한옥과 낙산공원, 인근의 이화동 대한영단주택단지까지, 근대 서울의 모습을 간직한 역사성과 장소성, 그리고 패션이라는 문화자원을 간직하고 있다. 그리고 지하철 접근성까지 뛰어나다. 창신동, 무한한 가능성의 공간이다.

왜 지속가능한 개발인가?

지속가능한 개발 또는 지속가능한 사회가 최근 큰 화두다. 이는 환경을 해치지 않으면서 사회적 형평과 함께 경제적 성장을 담보해야 한다는 것이다. 즉, 환경적 지속가능성(Environmental Sustainability)과 사회적 형평(Social Equity) 그리고 경제적 지속가능성(Economic Sustainability)이 시로 균형을 이루면서 지속가능한 사회를 만들어가는 것이다.

캄보디아를 관통하는 메콩강은 나라의 젖줄이 되는 중요한 강이지만 수질이 좋지 않다. 캄보디아의 수도 프놈펜 같은 큰 도시는 정수시스템이 그나마 갖춰져서 정수된 물을 마실 수 있지만, 메콩강 주변 농촌지역은 정수 관련 인프라시설이 열악하기에 주민들은 비위생적인 메콩강 물을 마시는 경우가 비일비재하다.

캄보디아 메콩강 사례에서 지속가능성의 세 가지 분야 중 가장 먼저 해결해야 할 부분은 수질, 즉 환경적 지속가능성이다. 그런데 캄보디아 같은 저개발국가에서 농촌 지방에 수많은 정수시설을 짓는 것은 국가 재정상 매우 힘든 일이다. 하지만 주민들의 건강 상태를 위해서는 어떠한 수단을 써서라도 오염된 물을 정수해야 한다. 그래서 나온 대안은 사회적 기업이 이동식 정수시스템을 갖춘 버스를 운영해 약간의 정수 비용을 받고 물을 저가에 판매하는 것이었다. 정수된 물을 아주 싼 가격에 제공하면 주민들은 더러운 메콩강 물을 마시지 않아도 되고, 국가 재정 부담도 거의 없게 된다. 국가가 직접 해결하기 힘든 문제를 기업이 나서서 해결하려는 것은 장려할 일이다. 사회적 기업은 사회적 가치를 추구함과 동시에 자본주의 시장 매커니즘안에서 활동하는 기업임을 고려할 때, 약간의 이윤을 붙여 판매하는 행위는 매우 당연하다.

이런 대안에 대해 많은 전문가들은 소득 수준이 낮은 메콩강 주민들에게도 적당한 가격이기에 물이 충분히 판매가 될 것으로 예상하였다. 하지만 결과는 그렇게 좋지 않았다. 여러 이유가 있었으나 결국은 소득 수준이 문제였다. 아이들이 있는 저소득층 주민들은 자신들의 소득으로 물을 구입한다면 자녀들을 학교에 보낼 수 없는 형편에 처하였다. 주민들은 물을 살 비용을 아껴 아이들을 학교에 보내고자 한 것이다.

따라서 환경적 지속가능성 이전에 풀어야 할 진짜 숙제는 사회적 형평에 관한 것이었다. 부자들이야 깨끗한 물을 먹고 자기 자식들을 좋은 학교에 보낼 수 있으나, 저소득층 주민들에게는 아이를 학교에 보내는 것조차 큰 부담이 된다. 사회적 형평의 문제가 정수된 물조차 구입하지 못하게 가로막고 있었던 것이다.

따라서 근본적으로 사회적 형평의 문제를 해결해야 한다. 그리고 이는 필연적으로 주민들의 소득 향상을 통해서 가능하다. 즉 경제적 지속가능성을 담보하는 방법을 찾아내야 한다. 메콩강 주변 농촌주민들의 소득을 향상시킴으로서 자식들을 학교에 보내면서 깨끗한 물을 마실 수 있는 방법을 제시해야 하는 것이다. 따라서 캄보디아 메콩강 주변 농촌이 주는 교훈은 환경적 지속가능성과 사회적 형평 모두 중요하지만, 가장 중요한 것은 결국 경제적 지속가능성이라는 사실이다.

창신동, 어떻게 해야 하나?

위에서 살펴본 캄보디아의 사례는 선진국 대한민국의 수도 서울의 저소득 서민 밀집지역인 창신동에도 그대로 적용된다.

창신동 소재 봉제공장은 매우 좁은 공간에서 작업하는 1~2인 형태의 가내수공업 형태가 대다수다. 게다가 주거용 건물에 공장들이 입지하였기에 일을 하기에 불편한 구조다. 층고가 낮고 환기시설이 제대로 안 갖춰진 곳도 많다. 봉제작업은 기본적으로 옷감을 자르고 붙이는 일이기에 불가피하게 먼지를 일으킨다. 따라서 환기가 안 된다는 것은 노동자의 건강에 큰 해를 입힐 수 있다. 또한 봉제공장들이 낙산공원 근처까지 위치하기에, 동대문과 창신동 사이 비좁은 골목길에는 원단과 의류를 실어 나르는 오토바이의 물결을 쉽게 볼 수 있다. 좁은 골목을 빠르게 질주하는 오토바이는 보행자에게 매우 위협으로 다가온다. 따라서 보행권을 지키기 위해 오토바이 운행을 규제하는 것도 대안이라고 여길 법하다. 하지만 창신동의 현실을 자세히 들여다보면 단순히 오토바이를 규제한다고 풀릴 일이 아니다.

낙산 주변 창신동 언덕 꼭대기에도 위치한 봉제공장들의 물건을 실어 나를 수단은 오토바이밖에 없다. 그리고 언덕이 가파른 창신동의 지형을 고려할 때, 창신동 거주민들에게 오토바이는 최적의 교통수단인 것이 현실이다.

창신동 골목길의 오토바이들

창신동 골목길의 아이들

"창신동에는 지금도 제대로 된 놀이터와 넓은 공원이 없어요. 그나마 골목길이 오밀조밀하게 엮여 있는 재미있는 곳이어서, 제가 어렸을 때에는 창신동 전체 동네를 대상으로 술래잡기를 하기도 했었죠. 예능프로그램인 〈런닝맨〉을 제가 어렸을 때 창신동에서 했다고 보시면 됩니다."
- 창신동 지역 주민 인터뷰, 2013년 6월 10일

하지만 오토바이가 돌아다니는 현재 골목길에서 아이들이 뛰노는 것은 너무 위험하다.

종합하면 현재의 창신동은 작업 환경뿐 아니라 주거 환경 역시 매우 열악하다. 환경적 지속가능성이 위협에 직면한 것이다. 그렇다고 이런 문제의 대안이 창신 숭의 뉴타운이 되어서는 안 된다. 이것은 동대문 패션시장의 경쟁력을 약화시키기 때문이다.

사회적 형평 관련해서도 창신동은 해결해야 할 숙제가 너무도 많다. 완전경쟁에 가까운 상태의 창신동 봉제공장은 순이익이 극도로 적기에 노동시간을 최대한 늘리고자 한다. 따라서 10시간 이상 근무자가 무려 53%를 차지한다. 아이가 있는 가정에서 부모가 10시간 이상 근무를 한다면 아이는 방치될 수밖에 없다.

아이가 9시까지 학교에 가려면 8시 30분에는 집을 나서야 한다. 요즘은 방과후 학교가 잘 되어 있어서, 오후 5~6시까지는 학교의 보호를 받을 수 있다. 오전 8시 30분에서 오후 6시 30분까지 학교에 있다 해도 10시간이다. 하지만 아이의 부모는 늦은 저녁까지 공장에서 일을 한다. 주말에도 대기 상태다. 아버지가 재단 작업을 하는 경우는 오후 늦은 9시에서 다음날 새벽까지 일을 하며, 엄마는 재단이 된 옷을 받아 작업을 하기에 오전 9시부터 오후 늦게까지 일을 한다. 부부가 연이어 24시간 노동을 한다면, 아이들은 어쩔 수 없이 방치된다. 이런 아이들이 제대로 된 보호와 좋은 가정교육을 받고 정상적인 사회인으로 성장할 수 있을까? 사회적 형평 차원에서도 창신동의 현실은 열악함 그 자체다.

환기를 개선하고 작업장을 더 나은 환경으로 바꾸려면 시설투자가 요구된다. 결국 자금이 필요하다. 아이들이 놀 공간을 만들기 위해서도 놀이시설 자금이 필요하다. 12시간 노동을 10시간 수준으로 줄이기 위해서는 실질임금이 올라야 한다. 12시간 노동에 시간당 1만 원을 받는다면 하루에 12만 원을 번다. 봉제공장 노동자가 가족과 함께하기 위해 노동 시간을 10시간으로 줄이면서 12만 원을 벌려면, 실질임금이 시간당 1만 2천 원으로 올라야 한다. 역시 자금이 필요하다.

따라서 환경 지속가능성과 사회적 형평을 위해서는 기본적으로 소득이 올라야만 가능하다. 반론이 있을 수 있겠으나, 결국 경제적 지속가능성이 먼저 담보되어야 한다.

공정거래패션(Fair Trade Apparel, FTA)

실질임금 인상 문제는 현재와 같이 동대문-창신동 간 구조가 착취적이라면 요원하다. 동대문 상인들이 '슈퍼갑'인 상황에서 다른 봉제업체를 쉽게 구할 수 있는데 봉제공장 노동자의 실질임금을 올려줄 까닭이 없다. 이 착취 구조를 깨기 위해서는 창신동 봉제공장들이 자신들의 이익을 지키고 요구할 거대한 집합체를 만들어야 한다. 협동조합이 해결책일 수 있다.

하지만 협동조합 결성은 쉽지 않은 일이다. 조합원이 되는 것은 노동자이자 동시에 봉제공장 사업주인 당사자 입장에서는 매우 큰 위험이 존재하기 때문이다. 사업주로서 동대문과 거래하는 입장에서 협동조합에 참여하려면 거래처를 포기해야 한다. 만약 협동조합에서 예전만큼의 일거리를 얻지 못한다면, 오히려 실질임금이 줄어들게 된다. 따라서 소득이 낮은 봉제공장 사업주 입장에서는 섣불리 협동조합에 참여하기가 쉽지 않다.

협동조합은 반드시 있어야 할 장기적 과제이나, 단기적으로는 협동조합 결성을 지원할 새로운 플랫폼(기관)이 필요하다. 새로운 플랫폼은 협동조합 설립을 도와주는 역할뿐 아니라, 동대문 이외의 새로운 유통채널을 뚫어주는 마케팅, 기획, 경영 능력 등 패션산업과 유통산업에 관한 매우 전문적인 지식과 경험을 갖춘 집단이어야 한다.

이들이 거대한 유통회사와 거래관계를 맺어 유통망을 확보하거나, 대형 종교단체, 정부기관 등 공공조직에 정기적으로 납품할 수 있는 안정적 거래 물량을 확보한다면, 협동조합 결성을 위한 자금 지원 등 인센티브를 봉제공장 사업주 겸 노동자들에게 제공할 수 있다.

봉제공장에 대한 인센티브에는 반드시 반대급부가 요구된다. 아무런 대가 없이 봉제공장을 지원한다면 도덕적 해이에 빠질 공산이 크기 때문이다. 예를 들어 새로운 안정적 유통망을 확보하여 협동조합의 옷을 정기적으로 일정량 이상 팔아주는 상황이 되면서 실질임금이 증가하였는데도, 여전히 12시간 이상 일을 하고 가정과 자녀를 돌보지 않고 작업 환경마저도 과거와 같다면, 경제적 지속가능성이 사회적 형평과 환경 지속가능성을 담보하지 못하는 것이다.

따라서 경제적 인센티브가 제공된다면, 반대급부로 창신동 조합원들이 사회에 기여할 수 있는 무언가를 제공해야 한다. 조합원들은 최대 10시간 노동이라는 근무시간을 준수하고 이를 통해 자녀와 가정을 돌볼 수 있어야 하며 작업장 환경도 개선시켜야 한다.

이는 공정거래(Fair Trade) 개념에 근거한다. 공정거래란 상호 거래에 있어서 종속적이고 착취적이지 않은, 동등한 입장에서 거래한다는 의미다. 다행히 '공정거래' 제품에 대한 소비자들의 인식은 우호적이다. 많은 사람들이 '공정거래' 제품을 위해 약간의 돈을 더 지불하는 데 주저하지 않는다.[121]

창신동의 '공정거래' 프로젝트는 불가능한 것은 아니다. 다만 이것을 위

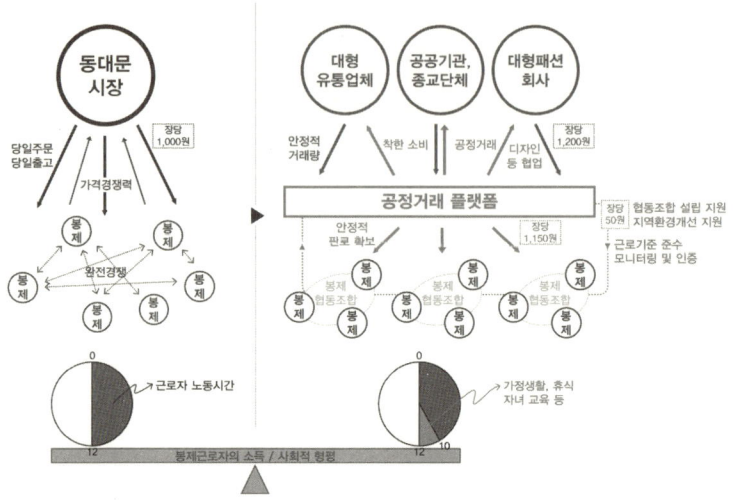

해서는 봉제공장 노동자들뿐만 아니라 외부 전문가 그룹의 지원이 필요하며, 장기적 지원을 위해서는 플랫폼 형식의 조직이 만들어져야 한다. 플랫폼 조직은 협동조합 결성을 지원하는 경제적 인센티브 제공과 함께 협동조합이 '공정거래'의 요건을 따르는지 관리 감독하여야 한다.

협동조합은 창신동의 미래 도약을 위한 발판에 해당한다. 2013년 초 서울의류봉제협동조합이 설립되었다는 점에서 보면, 긍정적인 변화의 조짐은 이미 시작되었다. 하지만 공정거래만으로 창신동 봉제공장의 미래를 낙관할 수는 없다. 강한 소규모 기업들이 글로벌 시장에서 선전하고 있는 제3이탈리아의 패션 클러스터사례처럼,[122] 진정한 경쟁력은 결국 기술력을 향상시키는 것에서 나온다. 이를 위해서는 정부의 지원과 함께 공정거래 플랫폼의 지속적 운영, 노동자들의 기술력 향상을 위한 노력이 함께 어우러져야 한다. 장기적으로 그들에게 필요한 것은 외부의 동정이 아닌 지역 자체의 경쟁력이다.

제 5 장 보론 - 신텐디에서 티엔즈팡까지

왜 상하이인가?

중국 산업화의 시발점인 상하이는 19세기 후반부터 중국 경제의 중심지 역할을 담당하였다. 상하이의 1인당 GDP는 12,000달러에 이르는데, 이는 홍콩을 제외하면 베이징과 더불어 중국에서 가장 높은 수준이다. 하지만 중국에서 가장 높은 1인당 GDP라 한들 서울의 반이 정도이다.[123]

비록 상하이의 1인당 GDP가 서울에 비해 낮더라도 이 도시의 잠재력을 무시할 수는 없다. 오히려 상하이는 특별한 도시 발전 전략으로 큰 반향을 불러일으키면서 세계적인 주목을 받는 중이다.

상하이는 도처에 산재한 역사적 건물들은 물론 한국의 중소도시에서 흔히 볼 수 있는 평범한 공장 건물조차 원형을 보전하면서 동시에 창조적 문화예술 기능을 더하여 도시의 가치를 끌어올렸다. 또한 보전의 개념을 단순히 건물 차원이 아니라, 지역 커뮤니티까지 포괄하면서 지역 활성화를 함께 이끌어냈다. 뉴타운 개발의 폐해에서 헤어나지 못하고 있는 서울과는 정반대의 모습이다.

공장과 창고 건물을 부수지 않고 새로운 용도로 활용하는 케이스는 유럽에도 많다. 하지만 유럽의 공장과 창고는 건축물의 완성도가 매우 높기에 서울에 남아 있는 1980년대 건물을 비교 대상으로 삼기에는 무리다.[124] 따라서 오래된 건물의 재활용에 관한 부분은 유럽이 아닌 중국 상하이가 서울의 비교 대상으로 더 적합하다.

글로벌 도시 상하이에는 초고층 건물들이 즐비한데, 특히 신도시 지역

중국의 경제 성장을 상징하는 상하이 푸동 지역 전경

인 푸동의 오피스 타운은 초고속으로 성장하는 상하이의 진면목을 보여준다. 불과 20년 전만 하더라도 오피스 건물 면적 기준으로 상하이는 서울의 3분의 1에 불과하였고, 당시 경제적 수준 또한 서울에 비할 바가 못 되었다.[125] 하지만 중국의 급격한 경제 성장과 글로벌 기업들의 폭증하는 수요로 인해 오피스 건물의 규모 면에서는 이미 서울을 추월하였다. G2 경제 대국 중국의 중심 도시, 상하이의 위상이 불과 20년 만에 새로운 차원으로 올라선 것이다.

사실 상하이의 성장은 예상치 못한 일이 아니다. 1950~90년 사이 잠시 탈선했을 뿐, 100년 전 상하이의 위상을 고려하면 제자리로 찾아가는 노정에 있을 뿐이다.

"20세기 초반 상하이는 이미 글로벌 도시였습니다. 미국 할리우드에서 영화가 개봉하는 당일, 지구 반대편 상하이에서도 같은 영화가 함께 개봉될 정도였으니까요."
- 상하이 도시계획국 왕린 박사 인터뷰, 2011년 12월 16일

푸동 지역의 거대한 오피스 타운과 푸서 지역의 웅장한 근대 유럽형 건물, 그리고 20세기 초반의 국제적 위상까지 고려하면, 상하이는 매우 유서 깊은 역사를 지닌 도시로 생각할지 모른다.

과연 상하이는 유구한 역사를 지닌 도시일까?

상하이는 중국 동부 해안 양자강 하류 삼각주에 위치한 지리적 이점으로 중국 강남지방 물자들의 수송 통로 역할을 해왔다. 원나라 시대인 1292년 상하이현이라는 명칭으로 처음 역사에 등장하였는데, 우리가 알고 있는 근현대 상하이의 모습은 1843년 난징조약에 따른 개항 이후에 형성된 것이다. 1843년 개항 이전 700년 동안 상하이는 고기 잡는 어부들이 사는 수변촌락으로 이루어진 작은 어촌이었을 뿐이다.[126]

따라서 역사의 수면 위로 떠오른 근대부터 셈한다면 상하이시는 불과 200년도 안 되는 역사를 간직하고 있다. 정도 600년 그리고 위례성 이래로 2000년 역사를 간직한 서울과 비교가 되지 않는 짧은 역사의 도시다.

개항 이후 유럽과 일본 등 열강에 의해 조계지가 형성되고 산업이 급격히 성장하면서, 상하이는 20세기 초반 세계적인 산업과 금융 중심지로 발돋움하게 되었다. 1850년대 외국계 회사들이 중국과 아시아 무역 거점 확보를 위해 상하이 곳곳에 공장과 창고를 건설하면서 근대 도시의 모습을 갖추기 시작하였고, 1890년대 이후에는 서구 열강의 자본 수출과 침탈을 위한 기지로 급성장하면서, 상하이는 중국 최고(最古)이자 최대 산업도시

가 되었다.[127] 특히 영국 조계지였던 와이탄 지역을 중심으로 금융업이 크게 발달하였는데, 세계적인 보험회사 AIG가 최초로 설립된 곳이 1919년 상하이라는 점은 개항 후 100년이 안 되는 짧은 기간 동안 상하이가 매우 빠르게 성장했음을 보여주는 증표다.

1949년 5월 27일 중국 인민해방군이 상하이를 점령하면서, 1,800여 개에 이르던 외국계 기업 상당수가 상하이를 떠나게 되었다. 이로 인해 상하이 경제는 최악의 상황에 직면하며 국제도시로서의 역할은 종언을 고한다.[128] 상하이가 다시 주목을 받기 시작한 것은 공산화 이후 40여 년이 지난 1990년 중국이 시장경제체제를 도입하면서부터다.

도시가 꾸준히 경제 성장을 이어가면, 도시의 산업 구조는 일반적으로 제조업 중심에서 서비스업 위주로 재편된다. 이 와중에 산업도시 시절 도시 내부에 존재했던 공장이나 창고 등은 도시 외곽으로 이주하는데, 이는 구로공단의 많은 공장들이 수도권으로 이전한 것과 유사한 현상이다. 그리고 남은 공장과 창고는 일시적으로 버려지기도 하지만, 성장을 구가하는 도시에서는 철거된 후 새로운 오피스 건물로 바뀌게 된다. 제조업이 아닌 금융, 보험, 비즈니스 서비스업, IT산업 등 오피스 건물을 사용하는 새로운 서비스 산업이 도시를 지배하게 되는 것이다. 구로공단이 구로 가산 디지털단지로 바뀌면서 오피스타운으로 바뀐 것과 같은 이치다. 상하이 역시 도시 내부에 많은 공장과 창고가 존재하였으나, 지금은 서비스산업으로 도시 경제가 재편되면서 대규모 오피스 건물의 도시로 변모하였다.

앞서 설명한 바와 같이 상하이가 근대적 도시로 성장하기 시작한 것은 19세기 초반 이후로 불과 200년 정도다. 따라서 상하이에 존재하는 역사자원 대부분은 1830년대부터 1950년 중국 공산화 이전에 세워진 건물이 주를 이룬다. 그렇기에 정말 오래된 전통 역사자원은 생각보다 많지 않으

서울의 인사동과 비슷한 상하이의 예원상장

며, 그 중 가장 유명한 것은 서울의 인사동과 비슷한 전통 상업 지역인 예원상장과 예원 정도다.

상하이의 흥미로운 점은 중국 최대 산업도시라는 특징으로 인해 대부분의 역사적 건물들이 창고, 공장, 도크 등 산업 관련 시설물이라는 점이다.[129] 이 시설들은 공업용수 때문에 황푸강과 지류인 쑤저우강 주변에 주로 분포하고 있다. 공장과 창고는 여러 건축양식을 담고 있는데, 신고전주의 양식의 조폐창, 고딕식 수돗물 공장, 러시아 구성주의 양식의 도살장 그리고 바로크 및 아르데코 양식의 건물까지 매우 다양하다. 그리고 중국식과 서양식이 결합한 독특한 모습의 건물도 존재하는데 대표적으로 스쿠먼 주거 양식을 들 수 있다. 이들 건물은 뛰어난 완성도를 자랑하는 경우도 있으나, 한국에서도 흔히 볼 수 있는 허름한 공장과 창고도 다수 존재한다.

여기서 주목할 점은 건축적으로 아름다운 건물뿐 아니라 전혀 아름답지 않는 건물까지도 보전하면서 활용한다는 것이다. 오래된 건물에 새로운 기능을 넣어 과거 허름하고 낡은 건물과 지역을 함께 변화시키고 있다.

상하이가 처음부터 산업시설들을 보호하려는 의지와 계획이 있었던 것은 아니다. 1992년 쑤저우강의 수질오염을 해결하기 위해 강 주변 정화사업을 시작할 때만 하더라도, 초기 계획은 강 주변에 위치한 공장과 창고를 모두 철거하는 것이었다. 하지만 1997년 대만 출신 예술가 등쿤옌이 창고 건물을 디자인 스튜디오로 활용하면서 거대한 변화가 시작되었다. 그의 취지에 공감한 많은 예술가들이 쑤저우강 주변에 버려진 공장과 창고를 자신들의 예술 공간으로 활용하기 시작하였고, 이는 버려진 공장지대를 새로운 예술 커뮤니티로 바꿔놓았다.[130]

상하이는 이 새로운 가능성에 주목하여 거대한 패러다임의 전환을 이룬다. 과거의 철거 후 개발을 지양하고 적극적으로 산업유산을 활용하는 전략을 펼치기 시작한 것이다. 지금도 황푸강 주변에는 상하이시의 보호를 받으며 이용의 손길을 기다리는 수많은 낡은 공장과 근대 건축물이 존재한다. 1999년 보호유산으로 지정된 그림 속 쑤저우강 주변 과일 창고는, 비록 현재는 사용되지 않지만 미래를 위해 건물의 큰 골격은 유지한 채 보호 중이다. 이러한 노력의 결과로 상하이는 2004년 유네스코 아시아태평양 지역문화유산 보존상을 수상하였다.[131]

상하이의 도시 전략의 가치는 원형 보전보다는 활용에 있다. 예원상장 같은 기존 전통 문화유산은 가급적 보전에 큰 비중을 두지만, 근대 산업도시 시절 건설한 건물은 큰 골격을 유지하면서 건물에 새로운 프로그램과 기능을 넣어 재활용하는 데 노력을 기울인다. 아트 갤러리와 공방 같은 문화 예술 콘텐츠를 넣기도 하며, 공공 오픈 스페이스와 같은 새로운 기능을 접목시키기도 한다. 이를 통해 단순히 개별 건물 차원의 재활용에 그치는

러시아 구성주의 양식의 과거 아시아 최대 도살장 건물인 라오창팡

보호유산으로 지정된 쑤저우강 주변 과일 창고

허름한 공장의 원형을 보전한 채 예술타운으로 재탄생한 M50 　　미래의 활용을 위해 재개발 아파트단지에 남겨진 낡은 건축물

것이 아니라, 주변 지역을 재활성화시키는 효과를 만들어내고 있다. 특히 최근에는 창조산업(Creative Industry)과 결합하는 다양한 방식을 시도하면서 경제 활성화와 일자리 창출 효과가 나타나고 있다.

　상하이의 보전과 활용 전략은 신텐디, 티엔즈팡, M50 등을 시작으로 최근에는 1933 라오창팡, 상하이 엑스포단지, 8호교, 상하이 조각예술공원, 사행창고, 통라우팡, 2577, 뚜어룬루 등으로 확산 중이며 2010년 현재 77개의 창조산업 클러스터, 약 8,200개의 관련 기업과 15만 5천여 명의 고용을 창출하고 있다.[132]

　2,000년 역사의 도시 서울 그리고 200년 남짓의 상하이, 역사성 면에서 상하이는 분명 서울에 비할 바가 아니다. 그럼에도 상하이가 서울에 비해 더 역사적인 도시처럼 느껴지는 모순된 이유는 짧은 역사에도 불구하고 공장과 창고를 활용하여 근대 산업도시 시절의 역사를 보전하는 도시와, 비록 고궁 등이 시내 중심에 위치하나 산업도시 시절의 역사를 지우고 있는 도시, 건축적으로 아름다웠던 시청사마저 부순 도시 서울과의 차이 때문이다.

쑤저우 예술단지: 창고 건물이 예술단지로, 그리고 창조산업의 용광로로

쑤저우강 인근의 황폐화된 제분공장과 방직공장이 뉴욕의 소호처럼 많은 이들의 이목을 사로잡는 곳이 되었다면 믿을 수 있을까? 모간산루(M50)는 아무도 거들떠보지 않던 공장을 예술타운으로 탈바꿈시킨 곳이다. 여전히 낡고 허름한 건물 외관을 그대로 남겨둔 채, 내부를 현대적인 미술 전시관과 작업 공간으로 바꾸었다. 갤러리와 아트 스튜디오, 디자인 회사, 비주얼아트 회사 등 120여개 업체가 집적한 예술 클러스터가 된 것이다.

쑤저우 예술단지 외부와 내부 모습

국영 방직공장이 건물을 소유하고 운영하기에, 예술 자체를 바라보는 비전은 전문가 수준이 아닐 수 있다. 그럼에도 젊은 아티스트에게 저렴한 임대료로 작업실을 제공하는 등 예술적 가치를 위해 상당한 공을 들이고 있다.[133]

M50의 성공은 상하이 정책에 큰 반향을 일으켰다. 도시 전역에 위치한 다양한 형태의 역사자원을 보전하면서 활용하는 사례가 나타나게 된다. 중국의 대표적 화가 천이페이 등에 의해 타이캉루가 새로운 문화예술 공간으로, 후신 밀가루 공장은 쑤저우 현대아트센터로 변모하였다. 자동차

제동기 공장은 패션창작센터 8호교로 재탄생하였다.

또한 과거 동아시아 최대 맥주공장이었던 상하이 맥주공장은 현재 맥주 문화 전시관으로 활용 중이다. 2002년 상하이 맥주공장 부지를 공원으로 만들려 할 때 만해도 상하이 도시계획국은 전면 철거

영등포공원에 남아 있는 맥주공장을 상징하는 담금솥 조형물

를 계획하였다.[134] 하지만 개발에 대한 논의 가운데 보전 의견이 대두되면서, 급기야 계획을 바꿔 공장을 허물지 않고 전시관으로 활용하는 형태로 선회하였다. 상하이 맥주 문화전시관은 정부 주도로 이루어진 근대 공간의 보전과 활용을 보여주는 좋은 선례다.

이는 비슷한 시기에 진행되었던 서울시 영등포구 소재 OB 맥주공장 공원화 사례와 비견할 만하다. OB 맥주공장은 한국의 대표적 맥주공장이었지만 상하이와 정반대의 길을 걷는다. 공원화를 위해 기존 공장시설을 재활용하기보다는 전면 철거하고, 그 위에 새로운 공원을 만든 것이다. 현재 맥주공장 부지에 만들어진 공원은 더 이상 과거의 장소성과 역사성을 보여주지 못한다. 설계자의 노력으로 당시 사용하던 담금솥이 남아 있으나, 한 조각 기억의 편린만으로 이곳이 어떤 지역이었고 어떤 노력과 땀이 스몄던 곳인지 알아차리는 건 불가능하다. 영등포공원은 국적불명의 평범한 공원으로 우리 앞에 서 있다.

신톈디,
역사 보전이 가치를 창출할 수 있음을 보여주다

신톈디는 상하이시 도시개발 패러다임의 변화를 야기한 대규모 개발프로젝트로, 태평교 재개발 지역의 쇼핑센터 지역을 가리킨다. 이 지역은 상하이 중심부에 위치한 대표적인 저소득층 밀집 지역이었고, 현재도 신톈디 주변의 주거 환경은 그다지 깔끔하지 않다. 인근에는 대한민국 임시정부 청사가 위치한다.

1990년대 상하이는 낙후된 태평교 일대의 재개발 사업을 추진하였는데, 시정부 재정이 빈약했던 탓에 홍콩계 부동산 개발회사인 수이온 그룹의 힘을 빌려 사업을 진행하였다. 민간 디벨로퍼인 수이온 그룹은 오랜 기간 상하이 정부와 연을 맺고 있었기에 프로젝트 개발에 상당한 권한을 갖고 임할 수 있었다.

초기 개발계획은 이 지역을 완전히 철거한 후 초고층 오피스와 아파트를 건설하는 것이었다. 하지만 1997년 아시아 금융위기의 파고 속에 사업이 지체되면서 태평교에 남겨진 19세기 상하이의 대표적 건축 양식인 스

구글 어스로 본 태평교 재개발 지역 위치

신톈디 지역의 거리 풍경

신톈디의 스쿠먼 양식의 건물

쿠먼 주택에 대한 보전과 활용 논의가 일어났다. 초기에는 1921년 개최된 중국공산당 제1차 대표회의장 건물만 보전하려 하였으나, 이후 스쿠먼 양식 주거지의 역사적 가치를 인식하고 전면 철거가 아닌 스쿠먼 주거단지를 보전하며 활용하는 개발 방식으로 전환하였다.[135]

당시 상하이의 스쿠먼 양식 건물은 낡고 허름했기에 철거하지 않고 재활용한다는 것은 이해하기 힘들었다. 또한 내부에 새로운 기능을 추가하여 엔터테인먼트 장소로 만든다는 것 역시 설득력이 없어 보였다. 수이온 그룹의 전략은 신톈디 지역 내에 위치한 스쿠먼 양식 건물을 보전하면서 내부를 새롭게 현대적으로 개조하여 레스토랑이나, 아트숍, 갤러리 등을 입점시키고, 이를 통해 과거와 현재의 상하이, 그리고 서양과 동양이 공존하는 상하이를 느끼게 하는 장소로 만드는 것이었다.[136]

당시 이와 같은 구상은 매우 위험한 것으로 받아들여졌다. 금융회사들은 저소득층 밀집 지역에 들어설 현대식 쇼핑센터의 성공 가능성을 의심하였다. 스쿠먼 양식 전통 건물에 현대식 기능이 들어가는 개발의 선례가 없었기 때문이다. 1998년 아시아를 덮친 금융위기로 인해 어떠한 금융회사도 선뜻 이런 형태의 개발사업에 자금을 대려고 하지 않았다.[137]

부동산 산업에서 쇼핑몰 개발은 대단히 위험한 사업이다. 주택과 오피스 개발은 대략적인 수요와 공급을 짐작할 수 있지만, 쇼핑몰 건설 및 운용은 쇼핑몰에 어떤 상점들을 입점시켜 어떤 물건을 팔아야 할지 고민해야 하는 등 부동산 개발업에 대한 지식뿐 아니라, 쇼핑 영역에 대한 전반적인 지식과 경험까지 필요하기 때문이다. 특히 대표적인 저소득층 밀집 지역에 새로운 개념의 쇼핑몰, 특히 중산층 이상 계층과 외국인 관광객을 위한 쇼핑몰을 건설한다는 것은 합리적인 사고를 갖춘 금융회사에게는 매우 위험한 투자 프로젝트로 인식되었다. 더군다나 이와 같은 개발이 성공한 선례가 없었기에 투자자들이 투자를 꺼려했던 것은 매우 당연하였다.

이에 수이온 그룹 CEO 빈센트 로우는 대단한 결정을 내리는데, 개인 자산의 절반인 약 2,400억 원(14억 위안)을 신텐디 재개발에 투자한 것이다. 빈센트 로우는 쇼핑, 여가, 관광, 문화를 즐길 수 있는 장소, 상하이 도심에 역사와 문화를 부각시키는 관광명소를 만드는 것을 시도하였고, 이는 보기 좋게 성공하였다. 일례로 오픈 3개월 만에 신텐디 스타벅스 지점은 상하이 스타벅스 가운데 매출액 1위를 기록하였다.[138]

하지만 이러한 성공 이면에는 많은 비판과 부작용이 존재한다. 가장 대표적인 것은 기존 주민의 강제 이주이다. 이는 우리나라와 사정이 크게 다르지 않다. 신텐디 개발을 위해서 무자비한 철거가 진행되었는데 4,000명의 주민들이 단 45일 만에 강제 철거로 집을 잃고 쫓겨났다.[139]

그럼에도 신텐디 개발이 갖고 있는 의미는 상하이의 도시 재개발 패러

상하이에서 매출 1위를 기록한 신톈디의 스타벅스

다임을 바꾼 계기가 되었다는 점이다. 신톈디 재개발은 기본적으로 볼품없는 외관의 옛 건물을 되살리는 작업이 필요한데 이것은 결코 만만한 작업이 아니었다. 스쿠먼 양식의 건물을 고칠 수 있는 기술자들이 매우 노령화되어 있었고, 건물의 벽돌 하나하나를 청소하고 다듬는 것은 수이온 그룹이 생각한 것 이상의 비용이 들어갔다. 이로 인해 수이온 그룹은 부도에 직면할 만큼 큰 위기에 몰리기도 하였다.[140]

만약 신톈디 재개발로 인해 수이온 그룹이 실제 부도가 났다면, 상하이의 금융회사 및 부동산 개발회사들은 이후 역사 보전과 개발을 병행하는 어떠한 사업도 벌이지 않았을지 모른다. 따라서 현재와 같이 역사 보전을 통해 가치를 창출하는 다양한 성공사례가 나타나지 않았을 수 있다. 여러 비판을 받고 있음에도 신톈디 재개발은 역사 보전에 대한 인식의 새 지평을 연 부분은 평가받을 만하다. 근대 역사유산을 남겨두는 것이 민간 디벨로퍼들에게 경제적인 손실이 아닌 이익이 될 수 있으며, 역사 경관을 보전하고 도시의 정체성을 확립하며 지역경제 활성화와 공공 세수 확보를 할 수 있다는 점을 보여주었기 때문이다.

신톈디 재개발 이후 상하이의 노력은 또 다른 주목을 받았다. 강제 철거로 인해 기존 커뮤니티를 파괴한 신톈디 재개발의 부정적인 측면을 극복하려는 시도가 티엔즈팡에서 나타났기 때문이다. 티엔즈팡은 보잘것없는 건물도 원형을 보전하면서 지역 활성화를 가능하게 하였고, 지역 활성화의 열매를 기존 주민들이 함께 공유하고 있다. 또한 단순한 건축물 보전이 아니라 지역 커뮤니티 보전이라는, 비물리적 측면까지 보전의 개념이 확대되어 보전과 개발의 균형을 보여준 대표적인 사례가 되었다.

역사자원 보전과 개발의 성공적 균형을 이룬 사례는 신톈디와 티엔즈팡에만 머무르지 않는다. 상하이에는 너무나 다양한 사례들이 등장한다.

역사적 건축물을 창의 디자인 회사로,
사행창고

M50과 신톈디의 성공 그리고 창조산업 육성 전략으로 다양한 공장과 창고들이 상하이 곳곳에서 활용되고 있다. 이 가운데 사행창고는 대표적인 초기 사례다. 4개 은행의 창고라는 뜻을 품은 사행창고는 1927년 건축되었다. 비록 건물 외관이 화려하지는 않지만 1937년 항일전쟁의 역사를 간직하고 있는 의미 깊은 장소다.[141] 1999년 미국 유학파 출신 리우지동이 버려진 창고를 디자인 사무실과 전시공간으로 이용하면서 주목을 받기 시

사행창고 전경

리씽킹 서울
Rethinking Seoul

작하였다.

  2005년 상하이가 지정한 창의산업단지에 속한 사행창고는 면적이 1만 2천m^2에 달한다. 이곳에는 많은 디자인 관련 회사들이 있으며 문화예술 관련 창의산업의 중요한 모체로 자리 잡았다. 다만 민간 디자인산업 육성이라는 정책적 측면 때문에, 다른 창의산업단지에 비해 폐쇄적이어서 현장 내부를 방문하는 것은 힘들다. 하지만 건축적으로 뛰어나지 않은 건물을 창의산업단지로 활용하면서 주변의 저소득층 지역주민들과 공생하고 있다는 점은 평가받을 만하다.

문화예술을 가미한 고급 상업 공간, 1933 라오창팡

홍커우에 위치한 라오창팡은 1933년 동아시아 최대 도살장으로 사용되었던 건물이다. 러시아 구성주의라는 다소 생소한 이론이 가미된 이 건물은 도살장이 주는 독특함과 구조적인 장엄함으로 보는 사람들을 압도한다.

  1933 라오창팡 역시 다른 건물과 마찬가지로 기존 건물의 골격은 유지한 채, 내부 공간을 리모델링하여 새롭게 활용한 사례인데, 우수한 건축적 양식으로 인해 고급 상업 공간으로 이용 중이다. 상부의 원형 공간은 아우디, 코카콜라 등 세계적 기업들의 쇼케이스로 이용되기도 하였고, 갤러리와 최고급 레스토랑 등이 입점되어 있다.

  1933 라오창팡은 비록 고급 소비 공간으로 활용되지만, 바로 옆 건물과 인근 주거단지들의 상태는 매우 볼품없다. 상하이시는 이를 모두 허물

1930년대 당시 라오창팡의 모습

고급 소비 공간으로 탈바꿈한 라오창팡

독특한 구성주의 건축 구조를 보여주는 라오창팡

라오창팡 바로 옆에 있는 허름한 주거 건물

리씽킹 서울
Rethinking Seoul

고 거주민을 내쫓기보다는 공생하도록 유도하였다. 라오창팡이라는 역사적이고 아름다운 건축물의 원형을 보전하고 고급 상업 공간으로 내부를 탈바꿈시켰음에도, 건물 밖의 커뮤니티는 그대로 남아 있는 모양새다.

세계적 디자인 회사의 유치와 상하이의 비전, 8호교

세계적 디자인 회사가 입점한 8호교 풍경

내부 전시 공간과 연결된 오피스

8호교의 내부 전시 공간

8호교는 신톈디 개발업자인 수이온 그룹이 약 1만 평 규모의 자동차 제동기 공장을 재개발한 곳이다. 외국의 선진 디자인을 받아들여 발전시킨다는 전략 아래, 세계적인 건축 설계 회사인 SOM과 홍콩 영화감독의 스튜디오 등 디자인 예술 관련 회사들이 위치하고 있다.

패션쇼를 포함하여 다양한 국제 행사가 1년에 100회 이상 개최되고 있으며, 매년 12만 명 이상의 관광객들이 방문한다. 단순한 예술 공간 조성에 머무른 것이 아니라, 글로벌 회사 유치를 통해 일자리 창출, 관광자원화, 지역경제 활성화와 세수 확보를 동시에 이룬 것이다.

아름답지도 역사적이지도 않은 공간의 재생, 우자오창 800호

우자오창 800호는 M50이나 신톈디에 비해 미적 가치가 높거나 역사적 가치를 지닌 건축물이 아니다. 볼품없어 보이는 사각형의 아파트형 공장에 불과하지만, 넓은 공간과 낮은 미적·역사적 가치는 의도하지 않게 우자오창만의 장점이 되었다. 다른 건물들에 비해 공간 활용이 훨씬 자유롭기에 다양한 아이템 적용이 가능했다. 이곳에는 일반 갤러리뿐 아니라 예술작품 경매소, 과자 제조법 강의 공방 등 다양한 창의적 기능들이 있다. 낮은 임대료로 공간 이용이 가능하여 창의적 아이디어를 갖고 있는 젊은 창업자들에게 매우 매력적인 공간으로 활용 중이다.

    우자오창 800호 성공사례를 통해 우리가 얻어야 할 가장 큰 교훈은 산업자원에 다양하고 유연한 기능을 입지시켜야 한다는 점이다. 우리는 산업자원을 활용함에 있어서 그 내부 기능을 문화예술 관련 기능으로 한정하는 경향이 있다. 특히 예술가의 레지던스 프로그램과 전시공간으로 조성되는 경우가 많은데, 이 경우 조성 목적에 한계가 있어, 지역민과 예술가 간 소통이 부족한 경우가 대부분이며, 생산적인 결과물로 이어가지 못하고 공공예산이 낭비되는 경우가 많다. 따라서 산업자원을 활용할 때, 그 기능을 문화예술에 국한할 것이 아니라, 창조산업을 육성할 수 있는 다른 여러 방식의 공간 활용에 대한 고민이 필요한 시점이다.

우자오창 800호의 전경

우자오창 내부의 쿠키 DIY숍

에필로그: 개발과 보존의 균형 그리고 전략

익선동, 가리봉동, 이화동, 문래동, 공덕동 등 가능성의 장소들은 2013년 현재 재개발로 헐렸거나 재개발 지정 상태로 앞날이 어찌될지 모른다. 보존의 당위성과 개발의 필요성이 충돌할 때, 후자가 우선시되는 것이 한국 사회의 단면이다. 실제 개발이 진행되는 대부분의 경우, 우리가 목도한 현실은 대규모 철거와 새로운 고층 건물의 건설이었다. 그리고 여기에 동원된 중요한 논리는 지역 활성화로 일컬어지는 경제 활성화였다. 새로운 건물이 들어서면 새로운 사람과 기업이 들어와 결국 지역경제가 나아진다는 논리였다. 멋진 건물이 들어서면 많은 외부인들이 방문해 지역상권이 활성화될 것이며, 자연적으로 기존 지역민들의 부와 정부의 재정이 늘어날 것이라 믿었다. 하지만 2000년 이후 뉴타운 개발이 불러온 현실은 기존 주민의 대규모 물갈이였고, 그나마 개발의 첫 삽도 뜨지 못한 채 사회적 문제를 야기한 경우가 더 많았다.

도시가 인구 과밀에 신음하면서 비위생적 환경과 열악한 주거로 고통받던 시기에는 도시를 아름답게 만들면 주목을 끌 수도 있었다. 19세기 프랑스 파리의 이야기다. 산업혁명기를 거치면서 시골의 유휴 노동력이 도시로 몰려들면서 파리의 주거 환경은 열악해졌다. 비위생적인 주거 환경을 개선하고 정치 지도자의 위대함을 보여주기 위해 파리는 1850년대부터 근 20년간 거대한 개발 아래 과거와 다른 모습으로 재탄생했다. 세계 최고의 관광 도시인 파리의 현재 모습이 탄생한 것이다. 다른 도시들에 비해 정말 깨끗하고 아름답게 정비된 파리에 유럽과 미국은 열광했다. 도시의 겉모양을 바꾸면 환경이 나아지고, 부르주아는 돈을 더 벌 수 있고, 정부는 재정이 더 탄탄해질 것이라 믿었다. 도시 미화운동이라는 도시계획 사조가 전 세계를 휩쓸기 시작한 것이다. 도시의 물리적 환경을 바꾸면 자연스럽게 슬럼가, 비위생적 환경, 저급한 시민의식 등 비물리적인 도시의 병폐들이 해결될 것이라고 생각하였다. 그리고 이러한 믿음은 서구에서도 1970년대까지 이어졌다. 하지만 그들은 더 이상 물리적 개선이 시민의식 같은 비물리적인 측면까지 바꿀 수 없다는 것을 알고 있다.[142]

불과 몇 년 전까지 서울은 도시 미화운동의 광풍 한가운데 있었다. 새로운 초고층 아파트와 넓은 공원이 들어서고 거대한 랜드마크 건축물이 준공되면 경제가 활성화되고 시민들의 의식이 바뀔 것으로 생각했다. 물리적 변신이 모든 것을 바꿀 것이라는 믿음이었다. 하지만 이러한 것들이 일부 긍정적인 효과를 갖고 올 수는 있어도 모든 것을 바꾸지는 못했다. 우리 눈에는 새로 건립된 랜드마크 건축물이 대단해 보일지 몰라도, 외국인에게는 자기 동네에서 볼 수 있는 그저 그런 건물일 뿐이다. 우리가 제아무리 대치동의 랜드마크인 타워팰리스를 선망한다한들, 외국 관광객이 타워팰리스를 보러 가지는 않는다.

미국 역시 처음부터 역사적인 건물들을 보존하면서 도시를 성장시키지는 않았다. 1960년대 초 이전만하더라도 많은 건물들을 파괴하고 초고층 타워를 건설하곤 하였다. 하지만 1963년 10월 28일의 대사건 이후, 그들의 생각은 변화하기 시작한다.

1963년 10월 28일 뉴욕, 역사를 부수다

1963년 10월 28일.

    뉴요커, 아니 많은 미국인들은 왜 역사적 건물을 부수지 말고 보존해야 하는지에 대한 인식을 갖게 되었다. 이날 뉴욕 맨해튼 심장부에 위치한 웅장하고 아름다운 기차역사 펜스테이션에 대한 무자비한 철거가 시작된 것이다. 그리고 그 자리에는 몇 년 후 전 세계 어디에서나 볼 수 있는 초고층 오피스 건물이 들어섰다.

    1961년 초, 펜스테이션 부지에 새로운 건물이 들어설지 모른다는 소식에 펜스테이션의 철거를 반대하는 소수의 건축가들은 '더 나은 뉴욕 건축을 위한 액션 그룹(Action Group for Better Architecture in New York)'이라는 단체를 조직하고, 가두시위를 벌이기 시작했다. 노동자계급의 파업시위가 아닌 멋진 정장을 입은 화이트컬러 전문가들의 집단 피켓 시위는 일반 뉴욕 시민들의 눈에 매우 낯선 장면이었다. 당시만 해도 뉴욕 시민들은 펜스테이션 철거에 큰 관심을 갖지 않았다.[143] 그들이 철거의 심각성을 인지하기 시작한 것은 건물이 철거에 들어가기 직전으로, 철거를 돌이키기에는 매우 늦은 시점이었다.[144]

    아름다운 건물이 3년간 처참하게 부서지는 동안, 뉴욕 시민들은 '과연 우리가 무슨 짓을 한 것인가'라는 심각한 고민에 빠지게 되었다.[145] 그리고 철거가 진행되는 와중인 1965년, 뉴욕시는 역사적인 랜드마크 건물들을 보호하는 법을 제정하기에 이르는데, 이 법은 단순히 랜드마크 건물 뿐 아니라 커뮤니티를 지정해서 보호하는 내용을 포함한다. 또한 1년 뒤 중앙정부 차원에서 역사자원 보호법이 통과된다.[146]

철거되기 전의 팬스테이션(미국 국회의사당 자료)

현재 팬스테이션 자리에 들어선 건물

당시 철거 중인 서울시청사

현재 서울시청사 전경

기괴한 모습의 측면 전경

    그로부터 45년 후, 뉴욕의 반대편에 위치한 도시는 매우 비슷한 상황을 맞이하게 된다. 2008년 8월, 비록 외세의 강압에 의해 지어진 건물이었으나 건축적 의미가 깊은 서울시청사를 중앙정부의 반대에도 불구하고 서울시가 기습적으로 철거한 것이다. 당시 오세훈 서울시장은 문화재청의 철거 중지 요청에도 불구하고, 시청사는 사적이 아닌 단순 문화재이기에 문화재청이 간섭할 수 없다며 기습 철거를 감행하였다. 그러자

리씽킹 서울
Rethinking Seoul

문화재청은 긴급 위원회를 열어 서울시청사를 국가 사적으로 전격 지정하고 철거 중단을 명령하였다. 여러 내홍을 거쳐 서울시청사 일부는 철저히 파괴되었고, 그 자리에는 거대한 몸집을 자랑하는 현대적인 건물이 들어섰다.

50년 전 뉴욕의 건축계와 시민들은 최소한 역사적 건물이 없어지는 것에 대한 조직적 반대 목소리를 냈다. 하지만 서울시청사 파괴에 여러 전문가들의 개인적인 반대 의사는 존재하였을지언정 조직적 반대 움직임은 없었다. 그리고 시민들의 무관심 속에 역사적 건물은 무참히 철거되었다.

2012년 봄,
해방 후 건설된 한옥집단지구 파괴되다

구체적 청사진도 없이 역사적 건축물을 부순 사례는 비단 서울시청사에서 그치지 않는다. 공덕동 사거리 남단에는 근대 한옥집단지구가 2011년 말까지 건재했다. 이곳은 중산층 이하 서민들이 사는 동네로, 한옥의 보존 상태가 좋지 않았기에 고위 공무원의 눈에는 반드시 철거해야 할 대상이었을지 모른다. 하지만 북촌 역시 2000년 이전까지만 해도 보존 상태가 나쁘기는 매한가지였다. 게다가 공덕역은 지하철 5호선과 6호선, 경의선과 함께 공항철도까지 지나는 독보적인 교통 요충지다.

공항철도가 정차하는 역 인근은 교통 접근성으로 인해 외국 관광객 상대 호텔이 성황 중이다. 문화 예술의 요람으로 뜨고 있는 홍대 인근이 대표적 사례라 본다. 문화적 장점 이외에도 인천공항에서 한 번에 올 수 있고 2호선을 통해 서울시 유명 관광지를 편히 갈 수 있는 교통 우월성은 수많은 외국인들을 끌어모으고 있다. 그렇기에 홍대입구역 주변 그리고 현재는 합정역 인근마저도 외국인 대상의 게스트하우스와 호텔식 오피스텔이 호황을 맞고 있다.

교통 요충지인 공덕역 앞 주상복합아파트에 위치한 호텔 역시 공실률이 매우 낮은 상태다. 특색 없는 초고층 호텔과 아담한 한옥 게스트하우스, 같은 가격이라면 외국 관광객에게 어필할 곳은 당연히 후자일 것이다. 공덕역 로터리 주변의 거대한 한옥밀집지구, 서울의 티엔즈팡이 될 수 있었던 가능성의 지역은 이미 사라졌다. 그 자리에는 서울 어디에서나 볼 수 있는 고층 건물이 들어설 예정이다. 그나마 위안이 되는 것은 대로에서는 보이지 않으나, 바로 인근에 규모는 작지만 한옥밀집지구가 남아 있다는 사실이다.

2010년 4월, 철거 전의 공덕동 한옥 모습(다음 로드뷰 자료)

2013년 3월, 철거된 공덕동 한옥 부지

아직 소규모로 남아 있는 공덕역 인근 한옥밀집지구

과연 100% 보존이 해답인가?

지역 커뮤니티의 성격을 무시한 채 대규모 철거 후 초고층 건물을 건설하는 개발에 대한 부정적 인식이 확산되고 있다. 이는 100% 개발의 폐해를 인식하는 것인데, 거꾸로 기존 커뮤니티의 100% 보존은 과연 합당한지에 대한 질문을 던져야 할 듯하다. 그리고 그 대답은 '100% 보존 역시 해답이 아니다'이다.

도로가 좁고 주거 환경과 주거 복지 수준이 열악한 기존 커뮤니티의 문제점이 존재한다면, 그 커뮤니티는 변화가 필요하다. 그리고 변화의 대안이 완전 철거 후 개발이 될 수는 없다. 그렇다고 커뮤니티의 삶을 원형 그대로 내버려두자는 것 역시 올바른 선택이 아니다.

많은 등산객이 즐겨 찾는 산이 있는 동네에 집 두 채가 있다고 치자. A집은 산에서 내려오는 길에 있고, 그 밑으로 B집이 있다. A집은 일반 가정집인데 담벼락이 길고 넓다. 그리고 용도가 주거지여서 상품 판매를 할 수 없다. B집은 내로에 접한 코너라서 조그마한 구멍가게로 이용되고 있다. 어느 날 예술가가 A집 담벼락에 그림을 그렸고, 이 그림이 TV에 소개되면서 벽화를 보기 위해 엄청난 인파가 그곳을 방문하게 되었다. 그리고 A집 골목길을 방문한 많은 사람들은 B집 구멍가게를 이용하면서 B집 주인은 큰돈을 벌게 되었다.

여기서 의문이 생긴다. 과연 A집 주인은 행복할까?

우선 이 상황과 관련된 이해 당사자들의 이익과 피해를 정리하면 아래와 같다.

1. 외부 방문객은 벽화를 통해 매우 새롭고 독특한 경험을 얻는 이익을 얻는다.
2. B집의 구멍가게는 이전보다 매출이 증가하여 경제적 이익을 얻는다.
3. B집의 구멍가게 매출 급증은 세수 확대로 연결되어 지역정부 역시 이익을 얻는다.
4. 과연 A집 주인이 얻는 이익은 무엇일까?

A집 주인이 벽화로 인해 어떤 이익을 얻을지는 모르겠다. 그렇다면 반대로 집주인이 어떤 피해를 입을지 생각해보자. 예상치도 못했던 많은 사람들이 밤낮으로 벽화를 보러 오기에, 늦은 밤에도 잠을 잘 수 없고, 전혀 모르는 낯선 방문객이 집에 들어오는 경우도 생길 수 있으며, 집 주변의 많은 관광객들 때문에 편한 복장은 고사하고 통행 자체가 불편해질 수 있다. 불확실한 이익에 비해 너무나 큰 피해를 당하는 형편이다.

따라서 문제는 A집이 제공하는 이익을 정작 A는 향유하지 못하고 피해만 입는 형편인 데 반해, B집의 구멍가게와 지역정부는 엄청난 이익을 가져간다는 현실이다. 만약 이때 A에게 어떤 형태로든 보상이 제공되지 않는다면, A는 어떤 방법을 취해야 하나?

지역정부와 여론은 아무런 보상도 제공하지 않은 채 "A집 벽화가 지역에 공헌하는 바가 크기에 불편을 감수하더라도 A집 주인은 참으시오"라고 말할 수 있을까.

아무런 보상도 제공되지 않는다면, A가 취할 해결책은 딱 하나다. 벽화를 지워버리는 것이다. 그리고 이러한 행위를 했다고 A를 비난하는 것은 매우 잘못된 태도다. 오히려 비난받아야 할 사람들은 아무런 행동을 취하지 않은 지역정부다. 이익을 제공하는 A와 혜택을 받는 사람이 다르다고 할 때, A는 이익 제공에 대한 대가를 요구할 권리가 있고, 혜택을 받는 사람들은 마땅히 대가를 제공해야 한다.

그리고 실제로 이와 비슷한 사건이 이화동에서 벌어졌다.

이화동의 현실 그리고 동피랑의 교훈

인기 있는 젊은 연기자가 한 예능프로그램에서 이화동 한 주택 담벼락 벽화를 바탕으로 사진을 찍은 후, 해당 주택은 엄청난 인파를 경험한다. 날개 벽화를 그렸던 작가가 벽화를 보수하기 위해 동네를 다시 방문하였을 때, 이 작가는 전혀 예상하지 못했던 주민들과 집주인의 고충을 듣게 된다. 그리고 그는 매우 용기 있는 결정을 내리는데, 본인 손으로 본인의 벽화를 지워버린 것이다.

2008년 이화동 날개를 그린 김주희 작가는 담이 너무 예뻐서 집주인의

지워지기 전의 이화동 날개 벽화 ⓒ 김주희　　지워진 벽화 자리 ⓒ 김주희

허락을 구하고 자비로 벽화를 그리게 된다. 그런데 한 연예인이 나온 프로그램으로 이화동 날개 벽화는 세간의 주목을 받게 되었고, 너무나도 많은 인파가 이 지역에 몰리게 되었다. 벽화를 배경으로 사진을 찍기 위해 몇십 미터에 이르는 긴 줄이 좁은 골목에 형성되기도 하였다. 그런데 문제는 골목이 2~3명이 지날 만한 크기여서 주민들이 보행하기에 너무 힘들어졌다는 것이다. 그 외에도 좁은 골목에 많은 인파가 들어차서 엄청난 소음이 발생하였고, 벽 상태가 좋지 않아 소음이 그대로 집 안으로 전달될 뿐 아니라, 밤에는 소음이 더욱 커져서 주민들의 고통이 이만저만한 것이 아니었다.[147]

　또한 벽화를 보러 온 사람들은 주민들 입장에서는 처음 보는 외부인이다. 특히 생면부지의 남자들이 저녁 무렵 돌아다니는 경우 어린 여자아이를 가진 부모 입장에서 경계할 수밖에 없고, 당연히 안전상 우려를 표하게 되었다. 또한 다른 집 화단을 밟고 올라가 사진을 찍고, 끊임없는 카메라 셔터 소리 등 외부인으로 인한 피해가 속출하였다.

　더군다나 주민들은 아무런 경제적인 대가도 얻지 못한 채, 박물관의 박제마냥 구경꾼들의 구경 대상으로 전락해버린 현실은 그들이 전혀 기대한 바가 아니었다. 주민들은 엄청난 이익을 제공하는 이익 제공자임에도 피해만 입는 상황이었다. 외부인들만이 유일한 이익 향유자였다. 결국 김주

희 작가는 주민들의 처지를 이해하고, 자신의 작품을 지워버리게 되었다.

　이에 비해 경남 통영시 동피랑마을은 벽화라는 같은 접근방식에서 전혀 다른 결과를 우리에게 들려준다. 동피랑은 '푸른통영21'이라는 시민단체의 노력과 주민들의 자발적인 참여를 통해 재개발의 위협 속에 있던 동네가 문화 공간과 관광지로 거듭나게 되었다. 첫걸음은 이화동과 같이 벽화라는 공공예술 프로젝트였다. 하지만 이화동과 다른 점은 단순히 공공예술 자체로 끝나지 않은 것이다. 시민단체와 주민들은 시당국의 협조를 통해 갤러리와 공판점, 상점 등을 운영하였는데, 이는 그 지역을 보러 오는 관광객들이 쉴 수 있는 새로운 공간을 제공함과 동시에, 외부인들로부터 경제적인 이익을 얻을 수 있는 방법이기도 하였다. 여기서 동피랑이 돋보이는 점은 운영 수익의 일정 부분을 주민들이 함께 나누어 쓸 수 있는 통로를 열었다는 것이다. 단순히 지역의 벽화만을 외부인에게 보여주는 것에서 그치는 것이 아니라, 그들이 제공하는 인센티브에 대한 대가, 특히 경제적인 대가가 그들에게 돌아오도록 하였다. 따라서 동피랑을 찾은 관광객은 새로운 경험을 통한 이익을 얻고, 지역민 역시 이익 제공자이면서, 동시에 그 이익을 향유하는 이익 수혜자가 된 것이다.

　이해 관계자 차원 분석에서 볼 때, 이화동은 이익 제공자인 주민이 전혀 대가를 받지 못하는 데 비해, 동피랑에서는 주민이 이익 제공자임과 동시에 이익 향유자가 된다. 이는 또 다른 결과를 갖고 온다. 동피랑 주민들은 이익을 향유할 수 있는 점 때문에 외부인들을 대하는 태도와 시선이 적극적이고 따뜻할 수밖에 없다. 이에 비해 이화동 주민의 태도는 동피랑에 못 미친다. 이런 상황은 이화동과 동피랑을 방문한 관광객들의 재방문에 큰 차이로 나타난다. 동피랑을 다녀온 사람들은 당연히 다시 그 지역을 방문할 의향이 생길 것이다. 그들은 생동감 있는 커뮤니티의 삶을 볼 수 있고,

역동적인 커뮤니티의 삶은 방문할 때마다 매번 새로운 느낌을 가지게 만들기 때문이다. 생동감 넘치는 커뮤니티의 삶은 결국 공공예술이라는 창의적 공간과 더불어 지속가능한 개발, 특히 경제적 지속가능성과 사회적 형평을 담보한다는 점에서 의미하는 바가 크다.

주민들 간의 협약이 진실로 절실한 이유는 경상북도 한 지역의 사례에서 나타난다. 그곳에는 공공예술로 인해 주목받는 건물이 있는데, 이 건물은 많은 세입자들이 살던 곳이었다. 하지만 공공예술 작품이 TV를 통해 알려지면서 관광객들이 몰리자, 집 주인은 세입자를 쫓아내고 카페를 운영하였다. 공공예술의 긍정적인 힘이 커뮤니티 내부의 협약에 의해 지켜지지 못할 때, 환경적 지속가능성과 경제적 지속가능성은 담보할지 모르나 사회적 형평이 깨지게 된 것이다.

인근에 큰 혜택을 제공하는 역사적 건물이 있는 지역도 이화동과 비슷한 예가 될 수 있다. 지역에 이익을 제공하는 역사적 건물의 주인에게 아무런 보상 없이 "아무것도 건드리지 말고 절대적으로 보존하세요"라고 이야기할 수 없다. 만약 건물주가 그 집에서 살고자 하는데 집이 사람이 살기에 너무 불편하다면, 건물의 원형을 훼손하지 않는 범위 내에서 건물주가 원하는 형태로 변경이 가능해야 한다. 주인에게 박제화된 삶을 살라고 명령할 권한은 누구에게도 없다. 과거의 모습 그대로 온전히 간직하기를 원한다면, 지역정부가 제값 이상의 가치를 집주인에게 주고 건물을 사야 한다.

100% 개발이 정답이 아니듯 100% 보존 역시 대안이 아니다. 어려운 숙제일 수는 있으나, 최대한 보존과 개발의 균형을 이끄는 지혜가 필요하다.

개발과 보존의 조화, 어떻게 이룰 것인가?

익선동 한옥집단지구와 가리봉동은 놀랍게도 토지 용도가 상업용지다. 상업용지는 용적률을 600~1,000%까지 받을 수 있기에 어마어마한 가치의 땅이라 할 수 있다. 용적률은 대지 면적만큼 건물을 지을 수 있다는 것인데, 만약 대지 100평에 용적률 100%의 경우 100평의 건물을 지을 수 있다. 따라서 상업용지 용적률이 600%라는 것은 600평의 건물을 지을 수 있다는 의미다. 그런데 한옥은 대개가 1층이므로 현재보다 무려 6배 이상 큰 건물을 지을 수 있다. 따라서 상업용지임에도 한옥 형태의 주거지로 사용한다는 것은 순수하게 경제적 관점에서 본다면 토지 소유주들이 자신의 건물을 비효율적으로 사용하는 것으로 볼 수 있다. 즉 보존해야 할 한옥이라는 제약조건만 없다면, 그들은 엄청난 돈을 벌 수 있는 토지의 소유자인 것이다. 제약조건 때문에 자기 땅을 제값에 맞게 쓰지 못하는 형편이라면, 소유주들이 분노하는 것은 당연하다. 따라서 어떠한 인센티브도 주어지지 않는 상황에서 "한옥은 가치 있는 건물이니, 그냥 살아요"라고 이야기하는 것은 소유주의 경제권을 침해하는 대단히 잘못된 짓이다.

현재 한옥 자체의 보존 관리를 위한 인센티브가 없는 것은 아니다. 하지만 상업용지의 용적률처럼 토지 가격에 엄청난 차이를 줄 수 있음에도 이를 사용할 수 없는 경우라면 또 다른 인센티브가 주어져야 한다. 그리고 이러한 인센티브에는 TDR(Transfer of Development Right, 개발권 이양), HRTC(Historic Rehabilitation Tax Credit, 역사건물 재생 세액공제), LIHTC(Low-Income Housing Tax Credit, 저소득층 주택개발 세액공제), TIF(Tax Increment Finance, 조세담보금융), BID(Business Improvement District: 상업활동 촉진지구) 등 크게 4~5가지가 가능하다.

TDR(Transfer of Development Right, 개발권 이양)

나날이 빠르게 성장하고 있는 도시 안에 서로 인접한 A와 B지역이 있다고 치자. A에는 한옥과 같은 역사적 건물과 공장과 창고 등 근현대 역사자원이 있고, B지역은 논과 밭이다. A와 B 지역 모두 용적률 300%의 땅이다. 근현대 역사자원의 가치를 인식한 시장은 A지역의 근현대자원을 보호하기 위해 법적으로 용인된 용적률을 제한하였다. 추가로 규제를 더해 용적률 300%가 법적으로 가능함에도 실제로는 100%밖에 사용할 수 없게 만든 것이다. 따라서 A지역은 더 이상 개발 행위가 일어나지 않는다.

이 도시의 빠른 경제 성장 때문에 오피스 건물 수요는 많은 편이다. 오피스 건물 건설업자들은 도심인 A지역에 오피스 건물을 짓고 싶으나, 법적 제약 때문에 울며 겨자 먹기로 옆 동네 B지역에 건물을 짓기 시작한다. 시간이 흘러 경제의 중심은 A에서 B지역으로 옮겨가게 되고, 용적률이 제한된 A지역에는 외부의 돈이 들어오지 않으면서 나날이 쇠퇴하기 시작한다. 반면 B지역은 나날이 번성한다.

A지역의 장점을 보고 이 도시에 들어온 오피스 회사들이 B지역에 들어서면서, 성장의 열매가 B지역으로 몰리는 현실이다. 인센티브 제공자인 A지역은 규제로 인해 쇠퇴하고 있으며, B는 반대로 번성하는 형편이다. 시정부도 B지역과 마찬가지로 새로운 오피스 기업들이 대거 입주하였기에 세수 증가로 큰 이익을 본다.

A지역은 어떻게 해야 하나? 시정부의 고민은 이제 A지역에 쏠린다. 역사자원이 있지

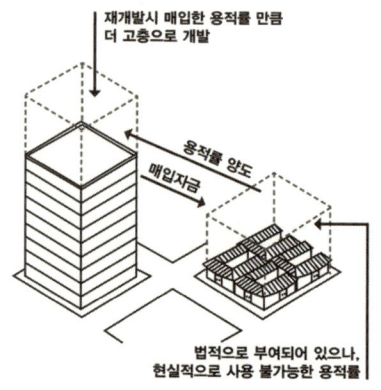

만 쇠퇴해버린 A지역을 활성화시켜야 하는데 해답이 없다. A지역 주민들의 불만이 매우 크기에 근현대 역사자원이고 뭐고 다 밀어버리고, 오피스 건물을 지어야 할까?

만약 TDR(개발권 이양) 정책이 있었다면, 약간의 문제는 해결되었을 것이다. 즉 A지역의 용적률 규제로 인해 A지역 사람들은 용적률 200%를 사용하지 못하고 있다. 그런데 B지역은 오피스 수요로 인해 용적률 300%를 다 사용하고도 모자라다면, A지역의 용적률 200%를 B지역에 판매하는 것이다. A지역은 용적률 판매 수익금으로 지역 재생에 쓸 자금을 확보할 수 있다. 그리고 B지역은 더 높은 오피스 건물을 지어, 더 많은 오피스 기업을 유치할 수 있다. 이미 미국에서 시도되고 있는 정책이다.

HRTC(Historic Rehabilitation Tax Credit, 역사건물 재생 세액공제)와 LIHTC(Low-Income Housing Tax Credit, 저소득층 주택개발 세액공제)

A지역이 계속 쇠퇴하고 있고 지역주민들의 소득마저 떨어져 도저히 역사적인 건물들의 재활용이 불가능할 지경에 처했다면? HRTC(역사건물 재생 세액공제) 정책을 활용을 할 수 있다.

뉴욕 미트패킹 지구에서 100년도 안 된 도살장 건물이 역사자원으로 지정되었듯이, 창고와 공장 등 근현대 역사자원도 충분히 역사적 가치를 인정받을 수 있다. 이러한 건물을 새로운 용도로 사용한다면 창조산업을 육성할 수 있는 공간으로 재탄생한다. 다만 새롭게 내부 리모델링에 들어갈 때에는 정부가 정한 리모델링 가이드라인을 따라야 한다. 미국의 경우

역사적 건물의 외관을 보존하고 역사성을 느낄 수 있게(historic look and feeling of the building) 재개발이 이루어지도록 규정하였다.¹⁴⁸

국가에서 역사적 가치를 인정한 건물뿐 아니라 역사적 가치가 낮은 오래된 건물(미국의 경우 1936년 이전에 건설한 건물)은 HRTC의 적용 대상이다. 역사적 건물에 대해서는 더 많은 인센티브를 준다. 역사적 건물에 대해서는 개발비용의 20%에 대해 세액공제 혜택을 주지만, 역사적 건물이 아닌 오래된 건물에는 10%를 준다.

HRTC의 기본적인 금융 구조는 간단하다. 개발 비용의 20%를 정부가 세액공제 하는 것이다. 세액공제는 정부에 낼 세금을 감면받는 감세와는 성격이 다르다. 만약 일반 영리회사가 세금 50억 원을 내야 하는데 세액공제 30억 원을 갖고 있다면, 나머지 20억 원만 세금으로 내면 된다. 그런데 비영리회사가 세액공제 30억 원을 갖고 있다면 상황은 다르다. 비영리회사는 어차피 세금을 내지 않기 때문에 세액공제 30억 원은 그야말로 휴지에 불과할 뿐이다. 따라서 비영리회사는 이 세액공제를 다른 금융기관에게 약간 할인한 가격에 팔 수 있다. 즉 '나한테 세액공제 30억 원이 있는데, 나는 어차피 사용하지 못하니 당신에게 25억 원에 팔겠소'라고 금융회사에게 제안하면, 금융회사 입장에서는 실제로는 25억 원을 내고 30억 원의 세금을 내는, 5억 원을 버는 효과가 발생한다. 이는 백화점 상품권 10만 원이 할인되어 8~9만 원에 거래되는 것과 같은 이치다.

따라서 정부의 가이드라인을 제대로 지키면서 오래된 건물을 리모델링하는 경우, 디벨로퍼는 전체 비용의 100%가 아닌 80% 정도로 사업을 벌일 수 있다. 10억 원의 리모델링 공사를 8억 원으로 할 수 있는 셈이다. 만약 역사적 건물을 오피스가 아닌 주거용, 특히 저소득층 서민들을 위한 임대아파트로 바꾸는 경우에는 HPTC와 더불어 LIHTC(저소득층 주택개발 세액공제)라는 비슷한 성격의 지원을 별도로 받게 된다. 세액공제가 주는 또 다른 효과는 월스트리트 자본들이 도시재생 사업에 참여하게 되는 계기를 만드는 것이다. 또한 월스트리트 자본과 디벨로퍼 사이를 연결하는 금융 브로커 회사들이 생겨나면서 새로운 금융상품이 등장하게 된다. 단순히 도시재생에 그치는 것이 아니라, 금융산업의 성장에도 기여하는 것이다. 더구나 역사 보전 방식의 도시재생 사업이 성공을 거둔다면, 개발사업에 자금을 제공하는 금융회사들에게 새로운 인식의 전환, "오래되고 낡은 건물도 독특하게 변모하고 실질적으로 가치를 창출할 수 있는 좋은 투자처구나!"라는 인식의 전환을 가져올 수 있다. 상하이 신텐디, 뉴욕 맨해튼 미트패킹 지구가 가져온 패러다임의 변화가 우리나라에도 일어날 것이다.

금융회사는 자금을 투여하는 '갑'의 위치에 있고 그들의 결정에 디벨로퍼는 승복할 수밖에 없다. 한국처럼 디벨로퍼의 자금이 부족한 경우에는 더욱 그러하다. 그렇기에 금융회사의 마인드가 바뀐다면, 더 이상 천편일률적인 대규모 철거 위주 재개발이 아니라, 힘들고 오래 걸리더라도 기존의 커뮤니티와 가치를 보존하는 형태의 개발이 가능하다.

TIF(Tax Increment Finance, 조세담보금융)

이에 더해 다른 정책이 가능하다면, TIF(조세담보금융)가 있을 것이다.

만약 한옥지구와 창고가 추후에 굉장한 관심 지역으로 떠오를 것이 확실하다면, 그 지역의 미래 토지 가격은 크게 상승할 것이다. 10년 전 어느 누가 북촌의 집값이 평당 3~6천만 원이 되리라 예상하였나? 1990년대까지도 북촌 한옥은 익선동보다 가격이 저렴하였다.

미래의 토지가격이 상승한다면, 정부 역시 큰 이익을 얻는다. 세수가 증가하기 때문이다. 그렇다면 합리적이고 매우 보수적인 가정 아래 미래 세수의 증가분을 계산하여, 이를 바탕으로 채권을 발행하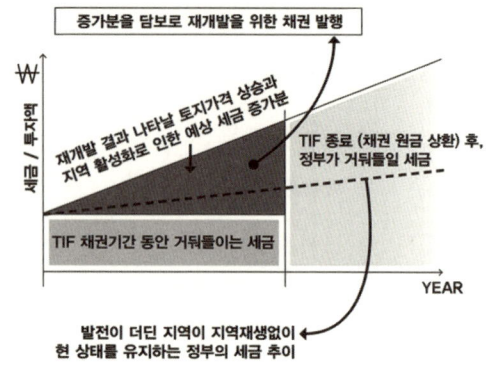
는 것이다. 그리고 그 채권을 활용하여 주요 역사적 건물 매입과 보수 및 관리에 사용할 수 있다.

BID(Business Improvement District, 상업활동 촉진지구)

또 다른 전략은 BID(상업활동 촉진지구)다. 익선동의 독특한 매력으로 외부인이 유입된다면, 창의적 소매점을 포함한 상업 공간들이 들어서기 시작할 것이다. 상업 공간의 유입은 기존 거주민과의 마찰을 불러올 수 있다. 새벽까지 이어질 상업 활동과 수많은 외부인이 익선동 골목길을 거니는 것은 관광객들에게 새로운 즐거움을, 서울시 차원에서는 새로운 명소를 제공하지만, 지역민에게는 현재 북촌 지역민이 경험하는 것만큼의 고통으로 다가온다. 분명 토지 소유자는 새로운 사람들의 유입으로 상업 활동이 일어나기에 지가 상승 혜택을 받을 것이다. 하지만 자가 소유가 아닌 지역민의 피해는 어떻게 보상해야 하나? 이를 해결하기 위해서는 경계가 명확한 지역을 설정하고, 그 지역 내에 있는 이해관계자들을 하나의 조직으로 묶어, 조직 간 협상을 통해 지역 공동의 이익을 확보해야 한다. 즉, BID를 구성해야 할 필요가 있다는 의미다.

창의적 소매점들이 점점 늘어나고 이들로 인해 많은 관광객이 방문하여 지역을 활성화시킨다면, 인사동의 경우처럼 건물주들은 지가 상승이라는 큰 혜택을 본다. 그리고 시간이 흐르면 익선동이 핫 플레이스hot place가 된 것을 확인한 많은 프랜차이즈 업체들이 입점할 것이고, 자금력이 약한 창의적 소매점들은 익선동을 떠나게 될 것이다. 그리고 이 작은 동네 익선동이 프랜차이즈 업체들에게 장악된다면, 이제는 반대로 독특한 성격이 사라지면서 사람들의 방문이 줄어들 것이다. 서울 도처에서 마주하는 스타벅스 커피를 마시기 위해 익선동까지 갈 필요가 없기 때문이다.

그렇다고 스타벅스 같은 프랜차이즈 업체를 무조건 배척할 수는 없다. 창의적 소매점과 프랜차이즈 간의 적절한 비율이 필요한데, 이는 BID 내부 구성원들이 해결해야 할 숙제다. 창의적 소매점이 입점한 건물은 프랜차이즈에 비해 임대수입이 적기 때문에 건물주에게 이에 대한 보상이 이루어져야 한다. 보상은 세금 혜택이나 BID 구성원들이 매년 내야 할 부담금 감면, 인근 지역의 개발권 부여 등 다양한 방식으로 이루어질 수 있다.

창의적 소매점이 입점한 건물주와 프랜차이즈가 입점한 건물주가 적합한 수준의 경제적 이익을 공유하게 되어야만 지역 커뮤니티의 지속성이 확보된다. 건물 소유자, 토지 소유자, 소매점 임차인, 주택 임차인 등 다양한 이해관계자들의 타협이 있어야만 익선동의 매력이 지켜질 것이다.

서울시 재개발청 설립이 첫 단추다

역사자원의 재생을 위해서는 위에 언급된 다섯 정책 모두를 한꺼번에 사용할 수도 있다. 처음부터 강력한 권한을 지닌 중재자가 역사자원을 보유한 A지역의 여러 이해관계를 조율하면서 BID 설립을 지원한다면, BID 설립 시 어떤 조직이 얼마만큼 비용을 부담하고 어떤 목표를 향해 BID를 운영할지를 이해관계자들과 함께 결정할 수 있다.

A지역 BID의 토지 이용 용도가 상업용지로 법적인 용적률이 600%에 달함에도 현실적 제약으로 현재 100%밖에 사용할 수 없다면, 나머지 500%의 용적률을 매입할 의향이 있는 다른 지역(B지역)을 알아보고, A와 B지역 간 TDR 거래를 중재할 수도 있다. 이 TDR 거래를 통해 A지역은 부가적인 자본을 얻어 지역재생에 투자할 수 있다.

또한 역사적 건물을 보존해야 할 당위성이 매우 크다면, HRTC 정책을 통해 20%의 세액공제를 얻을 수 있다. 현재와 같이 한옥 보전을 위해 몇 천만 원의 현금을 지원하는 것은 아무런 사회경제적 효과를 창출하지 못한다. 하지만 HRTC는 새로운 형태의 금융산업을 출현하게 만들고, 이는 여의도 금융회사들이 역사자원 보전에 관여하는 채널 역할을 수행할 것이다. 또한 한옥을 저소득층 주택으로 사용하려고 하는 경우에는 LIHTC 정책으로 지원할 수 있다. HRTC와 LIHTC를 동시에 충족하는 것은 더 많은 세액공제를 받을 수 있기에 건물주나 디벨로퍼 입장에서는 환영할 만한 일이다. 이러한 정책들로 인해 지역재생이 이루어진다면, A지역에 살고 있던 기존 저소득층 주민들이 새로운 개발로 쫓겨나는 것이 아니라 지속적으로 이 지역에 살 수 있는 토대를 구축할 수 있다.

또한 TIF를 이용하여 미래의 세원을 담보로 채권을 발행하여 A지역의 인프라 구축에 투자할 수 있다. 만약 이러한 정책들이 동시에 다층적 차원에서 집행된다면, 적은 초기 투자비용으로 역사자원과 커뮤니티를 보전하면서 지역 인프라 건설과 개발을 동시에 진행할 수 있게 된다.

여기서 가장 중요한 이슈는 BID의 이해관계자 조율 역할을 수행하고, TDR을 거래하며, TIF와 같은 채권을 발행할 주체이자 중재자가 누가 될 것인지 여부다. 즉 어떤 조직이 중립적인 입장에서 공동 이익을 위한 강력한 중재자 역할을 맡을 것이냐가 가장 중요하다. 시민단체, 마을기업, 구청 등이 이런 역할을 수행할 수 있을까?

BID는 시민과 시민 사이, TDR과 TIF는 구청과 구청 사이에 자신들의 이익을 위한 대결 구도를 형성시키며 문제를 복잡하게 만들 수 있다. 그렇기에 이해당사자인 시민 또는 구청을 넘어서는 상위 조직이 중재자 역할을 수행해야 한다. 서울시 차원에서 본다면 '서울시 재개발청(Seoul Redevelopment Authority)'의 설립이 필요한 이유다.

서울시 재개발청은 도시의 미래를 제대로 진단하고 운영할 조직이다. 도시 설계, 경제 개발, 부동산 금융, 역사자원 보존 등 도시계획과 개발에 대한 전문 지식을 두루 갖춘 전문가들로 구성된 조직이다. 도시개발 인허가권, 인센티브 부여 등 개발과 관련한 강력한 권한을 가져야만 중재 역할을 제대로 수행할 수 있기에, 개발 후 지속가능한 발전을 담보할 경제 기획 능력까지 갖춘 조직이어야 한다. 또한 이 조직은 지역 커뮤니티와 함께 서울이라는 도시의 미래 비전을 제시하고 관리하기 위해 영속성을 지녀야 한다.

그렇다고 해서 서울시 재개발청이 지금의 SH공사와 같이 도시개발 디벨로퍼 역할을 담당하는 것은 아니다. 오히려 부동산 개빌은 민간 디벨로퍼에게 맡기고, 민간 디벨로퍼가 개발을 진행하면서 커뮤니티의 이익을 증진시키는지를 관리하고 조율해야 한다. 즉 커뮤니티 보존과 개발의 균형을 위해 적극적인 역할을 담당하면서 공공성과 사업성을 동시에 추구해야 한다.

불과 10여 년 전만 하더라도 부동산은 대세 폭등기라는 인식이 압도적이었으나, 2008년 이후 형성된 지배적 인식은 부동산이 대세 하락기라는 것이다. 하지만 부동산 가격은 영구히 계속 오를 수도 없고, 반대로 영구히 계속 떨어질 수도 없다. 부동산은 사이클이다. 사이클이라는 것은 결국 부동산 가격이 지나치게 오르면 언젠가는 가격이 떨어지고, 마찬가지로 부동산 가격이 지나치게 내리면 언젠가는 반드시 반등한다는 것이다.

미국 주택시장이 2013년 초부터 6년여의 고난의 세월을 끝내고 반등하는 모양새다. (미국 20개 수위도시의 평균 집값이 2012년 대비 12%가 상승하는 폭등을 기록했다. 미국 주택시장이 침체의 늪을 벗어나는 증거로 읽힌다)[149]

한국 주택시장 역시 영원히 대세 하락으로 가리라 보지 않는다. 어느 시점에서는 반드시 상승세로 돌아설 것이다. 그 시점이 우리 예상보다 빠를 수도, 늦을 수도 있다. 만약 부동산 상승 시기가 와서 뉴타운을 반대했던 사람들 때문에 건물을 안 지어 가격 폭등이 일어났으니, 과거처럼 빨리 아파트를 건설해야 한다는 주장이 드세게 일어난다면, 또 다시 역사적 건물을 무참히 파괴하는 상황이 올지도 모른다.

지금은 실천할 때다. '낡다'고 천시되고 '더럽다'고 업신여겼던, 진정한 장소성과 역사성을 갖춘 건물의 원형을 보전하면서 새로운 활용도를 고민하고 실현할 때다. 비단 역사적 건물이 아니더라도 재활성화의 가능성이 있는 건물은 무조건 파괴할 것이 아니라 새로운 용도를 고민해야 한다. 그러기 위해서는 하루빨리 재개발로 묶인 지역에 대한 해제가 선행되어야 한다. 고난의 사슬을 끊어야 한다. 그리고 제대로 된 보상, 다각적이고 입체적인 보상을 강구하고 집행해야 한다.

인허가권자인 서울시는 더 이상 뒷짐 지고 도시를 건설업자들 손에 맡겨서는 안 된다. 주체적이고 능동적인 중재자 역할을 수행해야 한다. 못생기고 낡았기에 반드시 부숴야 한다고 여기는 낙원상가는 서울시의 중재 역할을 통해 탄생한 공공-민간 협동개발의 산물로 매우 가치 있는 건물이다. 민간과 협동하여 도시를 만들어나간 위대한 전통이 있었기에, 이 전통을 다시 새롭게 만들어야 할 사명이 서울시에 있다.

그리고 이를 실천한 조직으로 서울시 재개발청 설립은 첫 출발점이다. 전문적인 식견을 갖춘 조직이 어떤 지역을 보존하고 개발할지를 구분하고, 보존하는 경우에 어떤 부동산 금융을 바탕으로 미래 수익원을 창출하여 지역에 어떤 경제적 도움을 줄지를 고민해야 한다. 그리고 이 경제적 도움은 일회성 이벤트가 아닌, 지속성을 가져야 한다. 보존과 개발의 균형을 맞추려고 한다면, 즉 지속가능한 개발을 위한다면 구체적인 실천 전략을 짜서 지역민들에게 제시해야 한다. 지금처럼 외부 전문가들에게 맡긴 후, 미래 조감도랍시고 얼토당토않은 그림을 보여주는 것으로 할 일을 다 했다고 여긴다면, 뉴타운으로 뒤통수를 맞은 주민들을 설득할 수 없다.

공덕동 로터리 한옥밀집지구의 파괴, 서울시 구청사 일부 철거와 세운상가에 대한 대책 없는 철거, 그리고 재개발의 수렁에서 공식적으로 빠져나오지 못하고 있는 익선동, 가리봉동, 이화동.

2013년 현재, 잠재력 있는 지역 커뮤니티는 이미 파괴되었거나, 위협 앞에 무방비로 노출되어 있다. 지역 커뮤니티가 원하는 것은 미래 서울의 비전이다. 그리고 그 비전은 어려운 말이나 비현실적인 조감도로 설명할 필요가 없다. 커뮤니티 보전과 개발의 균형이 가능하다는 비전, 랜드마크 건설 같은 물리적 형태가 아니라 커뮤니티의 삶이 경쟁력이 될 수 있다는 비전, 다양한 정책을 통해 지역 커뮤니티의 부담을 줄이면서 개발이 가능하다는 비전, 커뮤니티의 미래가 현재보다 나아질 수 있다는 비전을 시민들에게 제시해야 한다.

뜬구름 잡는 장밋빛 조감도는 이제 책상 속에 집어넣자. 서울시 재개발청은 여러 정책을 통해 투자된 금액과 이로 인한 이익이 얼마인지를 수치화하고, 투자를 집행할 주체인 디벨로퍼가 이익과 비용대로 프로세스를 진행하고 있는지 관리하여야 한다.

"겉모습이 아름답기만 할 뿐, 사업성을 보장하지 못하는 프로젝트는 미래의 커뮤니티 형성에 도움을 주지 못한다."
- 리처드 파이져 하버드대학교 교수

감사의 글

《리씽킹 서울Rethinking Seoul》의 준비 과정은 수월하지 않았다. 도시개발과 부동산 연구가 주 분야인 필자는 개인적으로 산업유산에 대한 이해가 떨어지기에, 박재민 선생에게 많은 도움을 받으면서 함께 책을 집필하였다. 박재민 선생은 박사 논문심사 이전 힘든 기간에도 공저자로서 묵묵히 많은 일을 해냈다.

그 외에도 필자 연구실 소속의 많은 학생들과 지인들이 큰 도움을 주었다. 특히 박호근 씨는 끊임없는 열정으로 정세권이라는 인물을 발굴하였고, 그분의 역사적 가치와 익선동의 가치에 대한 놀라운 조사를 하였다. 한구영 씨는 GIS 분석과 그래픽 작업 등에 큰 도움을 주었고, 신상묵 씨, 손경주 씨와 함께 창신동 지역 연구에 큰 힘을 보탰다. 이석준 씨와 이상욱 씨는 추운 겨울 가리봉동 지역을 여러 번 필자와 함께 돌아다녔고, 본인들의 석사논문을 통해 학문적으로 보다 향상된 성과물을 만들어내고 있다. 홍보영 씨는 낙원상가 음악 산업에 대한 리서치와 익선동 주민 인터뷰 및 자료조사를, 엄홍민 씨는 서울시 건물 단위 GIS 데이터베이스 구축과 이를 통한 한옥단지 분석을 도왔다. 서자민 씨는 낙원상가 관련 학부논문을 바탕으로 저자가 잘못 생각했던 부분을 지적해주었다. 하버드대학교에서 공부하고 있는 필자의 첫 제자 Huang Ying 씨는 상하이 출신 연구자의 장점을 십분 활용하여 중국인만이 알 수 있는 고급정보들을 필자에게 제공하였다. 또한 2012년 학부수업 '녹색도시와 커뮤니티 디자인'을 함께한 학생 13명의 노력 역시 잊을 수 없다. 학부생임에도 열정과 혜안을 갖고 창신동 지역을 분석하였다.

끝으로 많은 분들의 진심 어린 조언에 감사드린다. 창신동에서 지역 커뮤니티를 위해 봉사하고 계신 김미아 해송지역아동센터 팀장님과 남기창 목사님, 전태일 열사의 뜻을 묵묵히 따르고 있는 전순옥 의원님, 경제에 대한 해박한 지식으로 패션산업에 대한 조언을 해주신 문국현 대표님, 구로지역 조선족을 위해 헌신하고 계신 김해성 목사님, 항상 큰 조언을 아끼지 않는 한겨레 구본준 기자님, 도시 설계에 몽매한 필자에게 큰 깨달음을 주는 서울대 이석정 교수님, 익선동 연구에 큰 도움을 주시고 지역에 큰 애정을 실천하는 뜰안 사장님, 이화동 벽화마을의 생생한 경험을 들려준 김주희 작가님께 특별한 감사의 말씀을 전한다.

《프레시안》에 '김경민의 도시 이야기'라는 연재물을 기고할 수 있었기에 정세권 선생의 가족분들과 만날 수 있었다. 《프레시안》의 연재를 양해해준 서해문집에 감사한다. 그리고 잊힌 역사적 인물의 후손들을 만나는 것은 개인적으로 잊지 못할 감동적 순간이었다. 필자를 환대해주고 많은 이야기를 들려준 정세권 선생의 가족분들에게 표현할 수 없는 고마움을 전한다.

김경민

주

1. 모리 미노루, 《힐 도전하는 도시(ヒルズ 挑?する都市)》, 2009, 도쿄, 아사히신문출판, p. 209~212, p. 295~297.

2. Peiser R., 〈Who plans America? Planners or developers?〉, 《Journal of the American Planning Association》, 56(4), 1990, p. 496~503.

3. 〈James W. Rouse; Developer, Pioneer of Shopping Mall〉, 11 Apr 1996, 《LA Times》.

4. Bloom, N. D., 《Merchant of Illusion: James Rouse, America's Salesman of the Businessman's Utopia》, 2004, Columbus, Ohio State University Press.

5. http://money.cnn.com/magazines/moneymag/best-places/2012/top100/

6. Bloom, N. D., 《Merchant of Illusion: James Rouse, America's Salesman of the Businessman's Utopia》, 2004, Columbus, Ohio State University Press.

7. Hall, P., 《Cities of Tomorrow: An Intellectual History of Urban Planning and Design in the Twentieth Century 3rd eds》, 2003, Oxford, Blackwell Publishing.

8. Olsen, J., 《Better Places Better Lives: A Biography of James Rouse》, 2003, Washington D.C., the Urban Land Institute.

9. Encyclopedia Britannica Films, Inc., (1953). "The Baltimore Plan" [video file], http://archive.org/details/baltimore_plan 2013. 10. 21. 확인.

10. Larsen, L. H., Kirkendall, R. S., 《A History of Missouri: 1953 to 2003》, 2004, University of Missouri Press p.61~62. 《A History of Missouri: 1953 to 2003》, 2004, University of Missouri Press p. 61~62.

11. Oscar Newman, 《Creating Defensible Space》, 1996, Washington, D.C., DIANE Publishing.

12. Albert Wing Tai Wai, 〈Place promotion and iconography in Shanghai's Xintiandi〉, 《Habitat international》 30, 2006, p. 245~260.

13. 박재민, 김경민, 〈중국 상해시 근대 역사경관 보전을 통한 도시재개발 과정과 확산 특성 연구 : 태평교 신천지 재개발에서 창의산업으로〉, 《한국경제지리학회 추계 정기학술대회》, 2012.

14. 르코르뷔지에, 정성현 옮김, 《도시계획》, 2007, 서울, 동녘.

15. 르코르뷔지에, 정성현 옮김, 《도시계획》, 2007, 서울, 동녘.

16. 한국문화관광연구원, 〈외래관광객 실태조사 보고서〉, 2010.

17. 김란기, 〈근대 한국의 토착민간자본에 의한 주거건축에 관한 연구: 일제하 개량한옥건축업을 중심으로〉, 《건축역사연구》 1(1), 1992, p. 106~116.

18. 김태웅, 〈1910년대 '경성부' 유통체계의 변동과 한상의 쇠퇴〉, 이태진 외 편, 《서울상업사》, 2000, 서울, 태학사.

19. 김란기, 〈근대 한국의 토착민간자본에 의한 주거건축에 관한 연구: 일제하 개량한옥건축업을 중심으로〉, 《건축역사연구》 1(1), 1992, p. 106~116.

20. 정세권, 〈건축계로 본 경성〉, 백관수 편, 《경성편람》, 1925, 홍문사, 서울, p. 252.

21. 《삼천리》, 제8권 제1호, 1936년 1월 1일.

22. 김란기 박사 인터뷰, 2012년 11월 19일.

23. 김란기, 〈근대 한국의 토착민간자본에 의한 주거건축에 관한 연구: 일제하 개량한옥건축업을 중심으로〉, 《건축역사연구》 1(1), 1992, p. 106~116; 박길룡, 〈주택건축의 기형적 동향 '생활을 위함이냐, 매매를 위함이냐'〉, 《조광》, 1935.

24. 김란기, 〈근대 한국의 토착민간자본에 의한 주거건축에 관한 연구: 일제하 개량한옥건축업을 중심으로〉, 《건축역사연구》 1(1), 1992, p. 106~116.

25. 전종한, 〈도시 뒷골목의 '장소 기억': 종로 피맛골의 사례〉, 《대한지리학회지》 44(6), 2009, p. 779~796.

26. 〈건물 벽마다 "반대" 구호…… 현장 르포 애환의 피맛골 재개발 갈림길서 '시끌'〉, 2003년 9월 15일, 《조선일보》, 르메이에르 홈페이지(www.lemeilleur.co.kr) 보도자료, 2013년 4월 1일, 확인.

27. 〈피맛골, 서민들 손때 묻은 예스런 맛 사라져가고〉, 2009년 12월 8일, 《국민일보》.

28. 스콧 버거슨, 〈서울의 문화정책은 있다?: 피맛골의 강간〉, 서울시 편, 2005, 《문화+서울》, 창간호, 서울시.

29. 〈아스팔트 아래 운종가: 청진발굴의 아홉 수수께끼〉, 2012, 서울역사박물관.

30. 최종현, 김창희 공저, 《오래된 서울》, 2013, 서울, 동하.

31. 〈종로 순라길 한옥상가 거리로 특화〉, 2010년 1월 7일, 《아시아경제》.

32. Marchant, V., Witkowski, T., Benson, J., Harriet, M., 〈Bed, Breakfast And Beyond〉, 18 Nov 2002, 《TIME magazine》.

33. Jane Zheng, 〈The "entrepreneurial state" in "Creative industry cluster" development in Shanghai〉, 《urban affairs》 32(2), 2010, p. 143~170.

34. 〈Famed artist to leave Tianzfang〉, 10 Oct 2012, 《Global Times》, http://www.globaltimes.cn/NEWS/tabid/99/ID/737539/Famed-artist-to-leave-Tianzifang.aspx

35. 〈율곡 대학로문화 예술거리 확충〉, 1987년 2월 3일,《매일경제》.

36. 〈변모하는 재벌등기(60) 낙원상가 아파트〉, 1969년 6월 14일,《매일경제》.

37. 〈낙원의 낙심, 음악인들 "추억 꿈 깃든 곳이 사라지다니…"〉, 2009년 1월 30일,《한국일보》.

38. Doreen Jakob, 〈Constructing the creative neighborhood: Hopes and limitations of creative city policies in Berlin.〉,《City, Culture and Society》 1(4), 2010, p. 193~198.

39. Department of Culture, Media & Sport, U.K., 〈Creative Industries Mapping Document 2001〉, 2001.

40. Ministry of Trade and Industry, Singapore,《Economic Survey of Singapore》, 2010, p.61~69.

41. Allison, E. W., Peters, L.,《Historic Preservation and the Livable City》, 2011, New Jersey, John Wiley & Sons, Inc.

42. 이경옥, 이금숙, 〈문화경제의 발현과 확산의 공간적 특징: 북촌의 창의적 소매업을 중심으로〉,《한국경제지리학회지》 9(1), 2006, p. 23~38.

43. 〈서울대 도시계획연구소 보고서 서울시도심재개발사업 2001년까지 4단계로〉, 1984년 11월 6일,《동아일보》.

44. 〈가리봉동에는 6개 국어 노래방이 있다.〉, 2008년 4월 5일,《오마이뉴스》. http://www.ohmynews.com/NWS_Web/view/at_pg.aspx?CNTN_CD=A0000852240

45. 박재민, 성종상, 〈산업유산 개념의 변천과 그 함의에 관한 연구〉,《건축역사연구》 21(1), 2012, p. 65~81.

46. 구양미, 〈서울디지털산업단지의 진화와 역동성〉,《한국지역지리학회지》 18(3), 2012, p. 283~297.

47. 박용규 외, 〈구로공단 부활의 의미〉, 삼성경제연구소,《CEO Information》

제608호, 2007, 삼성경제연구소.

48. 구양미, 〈서울디지털산업단지의 진화와 역동성〉,《한국지역지리학회지》 18(3), 2012, p. 283~297.

49. 박용규 외, 〈구로공단 부활의 의미〉, 삼성경제연구소,《CEO Information》 제608호, 2007, 삼성경제연구소.

50. 유지연, 이금숙, 〈패션제조업의 분포 특성과 직능 간 연계성 분석〉,《한국경제지리학회지》 16(1): 1-16, 2013.

51. Marjorie Hope Nicolson, 〈Sublime in External Nature〉,《Dictionary of the History of Ideas》, 1974, New York.

52. 성종상, 〈산업시설 재생의 방향과 전략 연구: 그린과 문화를 통한 재생 사례를 중심으로〉,《문화정책논총》17, 2005, p. 105~141.; 임진영 외,〈산업유산에서 문화공간으로, 졸퍼라인 탄광지대〉,《Space》41(12), 2006, p. 56~107.; 〈Zollverein Coal Mine Industrial Complex in Essen〉, 10 Jun 2005, http://whc.unesco.org/en/list/975.

53. 강동진,《빨간 벽돌창고와 노란 전차》, 2006, 서울, 비온후, p. 30~37.

54. 〈푸짐한 브런치와 추억이 가득한 카페, 구로동 '메이비'〉, 2011년 7월 5일,《스포츠 서울》.

55. Renzi, J., 〈The raw and the cooked: From red light to limelight, New York's meatpacking district redesigns for fashion〉, 1 Apr 2003,《Interior Design》.

56. 봉일범, 〈미트패킹으로부터의 교훈〉,《건축》53(2), 2009, p. 80~81.

57. Shockley, J., 〈Gansevoort Market Historic District Designation Report part 1〉, 2003, New York City Landmarks Preservation Commission.

58. Meatpacking District Improvement Association, 〈The Meatpacking

District: Past Present Future〉[video file], 2012. http://meatpacking-district.com/about/the-meatpacking-district-past-present-future.

59. 〈Adaptive reuse〉, Apr 2009, http://en.wikipedia.org/wiki/Adaptive_reuse.

60. Hall, P., 《Cities of Tomorrow: An Intellectual History of Urban Planning and Design in the Twentieth Century 3rd eds》, 2003, Oxford, Blackwell Publishing. p. 383~387.

61. 〈70년 세월 빼곡이… '영단주택' 헐리나〉, 2010년 4월 25일, 《한겨레》.

62. 김영기, 〈구로공단 인근의 노동자 및 저소득층 주거개선 방안에 관한 연구〉, 1983, 서울대 석사학위논문.

63. 김영기, 〈구로공단인근의 노동자 및 저소득층 주거개선방한에 관한 연구〉, 1983, 서울대 석사학위논문.

64. 〈공단 벌집 '복지 사각' 속 슬럼화 위기〉, 1990년 4월 11일, 《경향신문》.

65. 〈영등포구 구로공단 주변 주택난 심각… 셋방이 없다〉, 1977년 10월 18일, 《경향신문》.

66. 엥겔스, 박준식 외 옮김, 《영국 노동자 계급의 상태》, 1988, 서울, 두리.

67. 엥겔스, 박준식 외 옮김, 《영국 노동자 계급의 상태》, 1988, 서울, 두리.

68. 김영기, 〈구로공단인근의 노동자 및 저소득층 주거개선 방안에 관한 연구〉, 1983, 서울대 건축학과 석사학위논문.

69. 〈공단 여성 근로자의 '낮과 밤'〉, 1984년 8월 1일, 《동아일보》.

70. 김현선, 임선일, 〈한국체류 조선족의 밀집거주 지역과 정주의식〉, 《사회와 역사》 87, 2010, p. 231~264. 박세훈, 정소양, 〈외국인 주거지의 공간분포 특성과 정책함의〉, 《국토연구》 64, 2010, p. 59~76. 이종구, 임선일, 〈재중동

포의 국내 정착과 취업네트워크〉,《산업노동연구》, 17(2), 2011, 309~330.

71. 방성훈, 김수현, 〈한국계 중국인 밀집주거지의 분화에 관한 연구: 서울시 가리봉동과 자양동을 중심으로〉,《한국사회정책》19(2), 2012, p. 39~68. 김현선, 임선일, 〈한국체류 조선족의 밀집거주 지역과 정주의식〉,《사회와 역사》87, 2010, p. 231~264.

72. 방성훈, 김수현, 〈한국계 중국인 밀집주거지의 분화에 관한 연구: 서울시 가리봉동과 자양동을 중심으로〉,《한국사회정책》19(2), 2012, p. 39~68.

73. 박세훈, 〈한국의 외국인 밀집지역: 역사적 형성과정과 사회공간적 변화〉,《도시행정학보》23(1), 2010, p. 69~100.

74. 에드워드 글레이저, 이진원 옮김, 2011,《도시의 승리: 도시는 어떻게 인간을 더 풍요롭고 더 행복하게 만들었나?》, 2011, 해냄, 서울, p. 149~154.

75. 〈'다민족 사회' 코리아 리포트③ 곳곳에 둥지 튼 이주노동자〉, 2007년 4월 26일,《세계일보》.

76. 〈가리봉동에는 6개 국어 노래방이 있다〉, 2008년 4월 5일,《오마이뉴스》.

77. 남지현, 〈도시의 빈 공간을 활용한 지역 공동체 활동 거점 만들기: 도쿄의 '빈 건물' 활용사례를 중심으로〉,《작은 연구 좋은 서울》02, 2012.

78. 오하나,《학출 - 80년대 공장으로 간 대학생들》, 2010, 서울, 이매진.

79. 오하나,《학출 - 80년대 공장으로 간 대학생들》, 2010, 서울, 이매진.

80. 동대문관광특구, 〈동대문패션타운 관광특구 현황〉, http://www.dft.co.kr/ko/dong/today.htm 2013년 10월 1일 확인.

81. 서울역사박물관,《동대문 시장: 불이 꺼지지 않는 패션 아이콘》, 2011, 서울역사박물관, p. 95~96, p. 107.

82. 홍병숙, 이은진, 〈동대문 패션시장의 구조적 특성 분석을 통한 유통 활성화 정책 연구〉,《유통연구》12(5), 2007, p. 159 재구성.

83. 〈창신·숭인동 일대 3,500여 곳 밀집〉, 2013년 8월 9일,《한겨레》.

84. 동대문관광특구, 〈동대문패션타운 관광특구 현황〉, http://www.dft.co.kr/ko/dong/today.htm, 2013년 10월 1일 확인.

85. 김광선, 〈특별기획: 학습지역화를 통한 지역경제 활성화에 관한 연구 – 동대문시장 지역을 사례로〉,《공간과 사회》13(단일호), 2000, p. 94~126.

86. Department of Culture, Media & Sport, U.K.,《Creative Industries Mapping Document: Designer Fashion》, 2001.

87. Montero, G.,《A Stitch in Time: A History of New York's Fashion District》, 2008, Fashion Center Business Improvement District.

88. Selekman, B. M, Couper, W. J., Walter, H. R., 〈The clothing and textile industries in New York and its environs, present trends and probable future developments 〉,1925, New York, Regional Plan of New York and its Environs.

89. Rantisi, N. M., 〈The ascendance of New York fashion〉,《International Journal of Urban and Regional Research》28(1), 2004, p. 86~106.

90. Wenting, R., 〈Spin off dynamics and the spatial formation of the fashion design industry, 1858~2005〉,《Journal of Economic Geography》8(5), 2008, p. 593~614.; Rantisi, N. M, 〈The as cendance of New York fashion〉,《International Journal of Urban and Regional Research》28(1), 2004, p.86~106.

91. Made In Midtown, www.madeinmidtown.org

92. Bowles, J. 〈The Empire Has No Clothes〉,《New York: The Center for an Urban Future》, 2000.

93. Bernheimer, A., Cathcart, C., Hayashi, K., Lane, R.,《Making

Midtown: a New Vision for a 21st Century Garment District in New York City》, 2012, Design Trust for Public Space.

94. Houstoun, L. O., 《BIDs: business improvement districts》, 2003, Urban Land Institute.

95. NYC official website, 2013, http://www.nyc.gov/html/sbs/html/neighborhood_development/bid_directory.shtm.

96. 〈Making Midtown: a new vision for a 21st century garment district in New York city〉, 《Design Trust for Public Space》, 2012.

97. Department of Culture, Media & Sport, UK, 《Creative Industries Mapping Document: Designer Fashion》, 2001, p. 8.

98. d'Ovidio, Marianna, 〈Fashion and the city-Social interaction and creativity in London and Milan〉, In Serena Vicari Haddock, 《Brand-building: the creative city. A critical look at current concepts and practices》, 2010, Florence, Firenze University Press. p. 113~136.

99. Department of Culture, Media & Sport, U.K, 《Creative Industries Mapping Document: Designer Fashion》, 2001, p. 8.; Centre for Fashion Enterprise, 《High-end fashion manufacturing in the UK - product, process and vision》, 2009, p. 4.; Centre for Fashion Enterprise, 《The UK Designer Fashion Economy》, 2008, p. 40.

100. 김광선, 〈특별기획: 학습지역화를 통한 지역경제 활성화에 관한 연구 - 동대문시장 지역을 사례로〉, 《공간과 사회》 13(단일호), 2000, p. 94~126.

101. 한국패션봉제아카데미 황금이 처장 인터뷰, 2012년 10월 4일.

102. 추호정, 이정민, 〈글로벌 SPA 브랜드의 국내시장 진출과 대응방안〉, 2013, 한국섬유산업연합회, p. 102~103.

103. 신용남, 〈풍부한 원단, 단납기 다품종 소량생산 강점〉, 《패션채널》, 2004년

11월호, p. 182~186.

104. **정지욱,** 추호정, 정인희, 〈동대문시장의 구매자-공급자 관계에 관한 탐색적 연구: 동대문 패션 점포의 구매자적 시각을 중심으로〉, 《마케팅과학연구》 17(1), 2007, p. 51~75.

105. **서울역사박물관 조사연구과,** 《창신동: 공간과 일상》, 2011, 서울, 서울역사박물관.

106. **오수연,** 〈길에서 만난 세상 - 창신동 미싱은 잘도 도네 돌아가네〉, 《웹진 인권》 16, 2004년 12월호.

107. **MK패션산업발전협회,** 〈고용 및 산업실태조사〉, 2008.

108. **오수연,** 〈길에서 만난 세상 - 창신동 미싱은 잘도 도네 돌아가네〉, 《웹진 인권》 16, 2004년 12월호.; 손용표 씨 인터뷰, 2013년 4월 15일.

109. **한국의류산업협회,** 〈2011 봉제업체 실태조사〉, 2012.

110. **서울역사박물관 조사연구과,** 《동대문시장: 불이 꺼지지 않는 패션 아이콘》, 서울역사박물관, 서울, p. 93.

111. **서울역사박물관 조사연구과,** 《창신동: 공간과 일상》, 2011, 서울역사박물관, 서울, p. 10.

112. **창신동 소재 지역아동센터 김미아 팀장 인터뷰,** 2013년 4월 15일.

113. **Kevin Lynch,** 《The image of the city》, 1960, Cambridge, Mass, MIT Press, p.48~49.

114. 〈5000억 들어간 동대문디자인플라자 'DDP'⋯ 마음에 드십니까〉, 2013년 3월 8일, 《조선일보》.

115. **김병희,** 〈동대문 발굴 성과와 의의〉, 《한국대학박물관협회》 제61회 추계 학술발표대회, 2009, p. 35~60.

116. 서울시 산업국, 〈월드디자인플라자(WDP) 건립 및 운영 기본계획〉, 2007.

117. 〈5,000억 들어간 동대문디자인플라자 'DDP' 마음에 드십니까〉, 2013년 3월 8일, 《조선일보》.

118. 서울특별시 균형발전추진본부, 〈서울시 동대문운동장 공원화 및 대체 야구장 건립 추진계획〉, 2006.

119. 〈한겨레프리즘 – 후쿠오카돔과 동대문운동장〉, 2009년 6월 23일, 《한겨레》.

120. 서울특별시 균형발전추진본부, 〈창신·숭인재정비촉진계획 – 도시재정비위원회 심의〉(발표자료), 2010년 4월 13일, 종로구청, 〈창신·숭인재정비촉진지구 토지이용계획〉, p. 12.

121. Hustvedt, G., Bernard, J. C., 〈Effects of social responsibility labelling and brand on willingness to pay for apparel〉, 《International Journal of Consumer Studies》 34(6), 2010, p. 619~626.

122. 이상곤, 이우관, 곽만순, 〈동대문시장: 성공의 경제학〉, 《이슈투데이》, 2002, p. 145~177.

123. 상하이시 통계청(http://tjj.sh.gov.cn)에 의하면 2011년 상하이 1인당 GDP는 12,784달러이며, 서울시는 25,530달러이다.

124. 서울대학교 이석정 교수 인터뷰, 2013년 3월 20일.

125. 상업용 부동산 연구회사 CBRE의 오피스 연건평 데이타베이스(내부 자료).

126. 上海市文物管理委員會, 《上海 工業遺産 新探》, 2009, 上海, 上海交通大學出版社.; 이형근, 〈중국 상하이의 도시구조: 1895~1937〉, 《문화역사지리》 11, 1999, p. 133~149.

127. 서울학연구소, 〈서울, 베이징, 상하이, 도쿄의 대도시로의 성장과정 비교연

구〉 I, II, 2006, 서울시립대학교.

128. 上海百科全書編輯委員會,《上海百科全書》, 2010, 上海, 上海科學技術出版社.

129. 上海市文物管理委員會編,《上海 工業遺産 新探》, 2009, 上海, 上海交通大學出版社.

130. UNESCO Asia-Pacific Awards for Cultural Heritage Conservation, 〈Honourable Mention: Suzhou River Warehouse, China〉, 2004, http://www.unescobkk.org/index.php?id=2252 2013. 10 1. 확인.

131. UNESCO Asia-Pacific Awards for Cultural Heritage Conservation, 〈Honourable Mention: Suzhou River Warehouse, China〉, 2004, http://www.unescobkk.org/index.php?id=2252 2013. 10 1. 확인.

132. 〈Shanghai creative industries〉, http://www.creativecity.sh.cn/en/.

133. 〈ShangHai SoHo〉, 29 Aug 2006,《Shanghai Daily》.

134. 〈夢淸園設計補遺－回顧上海啤酒保護建筑修繕工程〉, 19 Jul 2005,《新民晩報》.

135. Yang, Y., Chang, C., 〈An Urban Regeneration Regime in China: A Case Study of Urban Redevelopment in Shanghai's Taipingqiao Area〉,《Urban Studies》 44(9), 2007, p. 1809~1826.

136. Yang, Y., Chang, C., 〈An Urban Regeneration Regime in China: A Case Study of Urban Redevelopment in Shanghai's Taipingqiao Area〉,《Urban Studies》 44(9), 2007, p. 1809~1826.

137. He, S., Wu, F., Fulong Wu, 〈Property-Led redevelopment in post-reform China: A case study of Xintiandi redevelopment project in Shanghai〉,《Journal of urban affairs》 27(1), 2005 p. 1~23.

138. 李翔,《共和國記憶60年》, 2009, 北京, 中信出版社.;〈10年 新天地〉, 20 Jun 2011,《新民周刊》.

139. Wai, A. W. T.,〈Place promotion and iconography in Shanghai's Xintiandi〉,《Habitat international》30, 2006, p. 245~260.

140. 동지대학교 교수 루안 펑 인터뷰, 2011년 12월 13일.

141. 上海市文物管理委員會編,《上海 工業遺産 新探》, 2009, 上海, 上海交通大學出版社.

142. Hall, P.,《Cities of Tomorrow: An Intellectual History of Urban Planning and Design in the Twentieth Century 3rd eds》, 2003, Oxford, Blackwell Publishing.

143.〈Battle over future of penn station continues〉, 23 Sep 1962,《New York Times》.

144. Diehl, L. B.,《The Late, Great Pennsylvania Station》, 1985, New York and Boston, American Heritage Press.

145. Jim O'Grady,《Voices From the Wilderness Unite》, 2003.

146.〈The New York preservation archive project, Pennsylvania station〉, http://www.nypap.org/content/pennsylvania-station.

147. 김주희 작가 인터뷰, 2013년 5월 23일.

148.〈Federal historic preservation tx incentives〉, 26 Sep 2013,http://www.epa.gov/reg3hwmd/bf-lr/fed_prog_guide/fed_his_pres.htm

149.〈Home prices jump 12%, new home sales hit a five year high〉, 25 Jun 2013, CNN Money.

참고문헌

국내서

구양미, 〈서울디지털산업단지의 진화와 역동성〉, 《한국지역지리학회지》 18(3), 2012.

권정구, 〈낙원상가의 변천 : 악기와 음악인력 시장을 중심으로〉, 《음악과 문화》 20, 2009.

김경민, 《도시개발, 길을 잃다》, 2011, 서울, 시공사.

김란기, 〈근대 한국의 토착민간자본에 의한 주거건축에 관한 연구: 일제하 개량한옥건축업을 중심으로〉, 《건축역사연구》 1(1), 1992. p. 106~116.

김영기, 〈구로공단인근의 노동자 및 저소득층 주거개선방안에 관한 연구〉, 1983, 서울대 건축학과 석사학위논문.

김태웅, 〈1910년대 '경성부' 유통체계의 변동과 한상의 쇠퇴〉, 이태진 외 편, 《서울상업사》, 2000, 서울, 태학사.

김현선, 임선일, 〈한국체류 조선족의 밀집거주 지역과 정주의식〉, 《사회와 역사》 87, 2010.

남지현, 〈도시의 빈 공간을 활용한 지역 공동체 활동 거점 만들기: 도쿄의 '빈 건물' 활용사례를 중심으로〉, 《작은 연구 좋은 서울》 02, 2012.

르코르뷔지에, 정성현 옮김, 《도시계획》, 2007, 서울, 동녘.

박길룡, 〈주택건축의 기형적 동향(생활을 위함이냐, 매매를 위함이냐)〉, 《조광》, 1935.

박세훈, 〈한국의 외국인 밀집지역: 역사적 형성과정과 사회공간적 변화〉, 《도시행정학보》 23(1), 2010.

박세훈, 정소양, 〈외국인 주거지의 공간분포 특성과 정책함의〉, 《국토연구》 64, 2010.

박용규 외, 〈구로공단 부활의 의미〉, 삼성경제연구소, 《CEO Information》 608, 2007, 삼성경제연구소.

박재민, 성종상, 〈산업유산 개념의 변천과 그 함의에 관한 연구〉, 《건축역사연구》 21(1), 2012.

방성훈, 김수현, 〈한국계 중국인 밀집주거지의 분화에 관한 연구: 서울시 가리봉동과 자양동을 중심으로〉, 《한국사회정책》 19(2), 2012.

백관수, 《경성편람》, 1925, 경성, 홍문사.

봉일범, 〈미트패킹으로부터의 교훈〉, 《건축》 53(2), 2009.

《삼천리》, 8(1), 1936.

서울역사박물관 조사연구과,《창신동: 공간과 일상》, 2011, 서울, 서울역사박물관.

서울학연구소,《서울, 베이징, 상하이, 도쿄의 대도시로의 성장과정 비교연구 I, II》, 2006, 서울, 서울시립대학교.

신경숙,《외딴 방》, 1995, 문학동네.

송인호, 김영수, 〈서울 북촌의 역사경관보전정책 변천에 따른 건축물 변화〉,《건축역사연구》 15(3), 2006.

송인호, 〈북촌 가꾸기 기본계획 : 연구와 실천〉,《건축역사연구》 11(2), 2002.

신명직, 〈가리봉을 둘러싼 탈영토화와 재영토화 : 87이후의 가리봉을 그린 소설과 영화를 중심으로〉,《로컬리티 인문학》 6, 2011.

신혜란, 〈영화로 도시 읽기 : 80년대 구로의 회색빛 삶과 장밋빛 희망 -「장미빛 인생」과「구로아리랑」〉,《국토》 197, 1998.

스콧 버거슨, 〈서울의 문화정책은 있다?: 피맛골의 강간〉,《문화+서울》, 2005 창간호, 서울시.

오수연, 〈길에서 만난 세상 - 창신동 미싱은 잘도 도네 돌아가네〉,《월간 인권》, 2004. 12, 서울, 국가인권위원회.

오하나,《학출 - 80년대 공장으로 간 대학생들》, 2010, 서울, 이매진.

에드워드 글레이저, 이진원 옮김,《도시의 승리: 도시는 어떻게 인간을 더 풍요롭고 더 행복하게 만들었나?》, 2011, 서울, 해냄.

에드워드 렐프, 심승희 외 옮김,《장소와 장소상실》, 2005, 서울, 논형.

MK패션산업발전협회, 〈고용 및 산업실태조사〉, 2008.

엥겔스, 박준식 외 옮김,《영국 노동자 계급의 상태》, 1988, 서울, 두리.

이경옥, 이금숙, 〈문화경제의 발현과 확산의 공간적 특징: 북촌의 창의적 소매업을 중심으로〉,《한국경제지리학회지》 9(1), 2006.

이종구, 임선일, 〈재중동포의 국내 정착과 취업네트워크〉,《산업노동연구》, 17(2), 2011, p. 309~330.

이천복, 김도년, 샤오융지에, 〈역사문화환경의 장소성 보존기법 연구-상해 태평교 신천지를 중심으로〉, 《한국도시설계학회지》 9(4), 2008.

이형근, 〈중국 상해의 도시구조: 1895-1937〉, 《문화역사지리》 11, 1999.

장규식, 〈일제하 종로의 민족운동 공간: 침략과 저항의 대치선〉, 《한국근현대사연구》 26, 2003.

전종한, 〈도시 뒷골목의 '장소 기억': 종로 피맛골의 사례〉, 《대한지리학회지》 44(6), 2009. p. 779~796.

추호정, 이정민, 〈글로벌 SPA 브랜드의 국내시장 진출과 대응방안〉, 2013, 한국섬유산업연합회.

최종현, 김창희, 《오래된 서울》, 2013, 서울, 동하.

클리퍼드 기어츠, 문옥표 옮김, 《문화의 해석》, 1998, 서울, 까치.

한국문화관광연구원, 〈외래관광객 실태조사 보고서〉, 2010.

한지은, 〈탈식민주의 도시 상하이에서 장소기억의 경합〉, 《문화역사지리》 20(2), 2008.

홍병숙, 이은진, 〈동대문 패션시장의 구조적 특성 분석을 통한 유통 활성화 정책 연구〉, 《유통연구》 12(5), 2007.

외서

Wai, A. W. T., 〈Place promotion and iconography in Shanghai's Xintiandi〉, 《Habitat international》, 30, 2006.

Allison, E. W., Peters, L., 《Historic Preservation and the Livable City》, 2011, New Jersey, John Wiley & Sons, Inc.

Frideden, B. J., Sagalyn, L. B., 《Downtown, Inc: How America Rebuilds CIties》, 1989, MIT Press.

Bloom, N. D., 《Merchant of Illusion: James Rouse, America's Salesman of the Businessman's Utopia》, 2004, Columbus, Ohio State University Press.

Casey, E. S., 《Remembering》, 1987, Bloomington, Indiana University Press.

Cosgrove, D., 《Social formation and symbolic landscape》,1984, London, Croom Helm.

Design trust for public space., 〈Making Midtown: a new vision for a 21st century garment district in New York city〉, 2012, New York.

Dolven, B., 〈Hong Kong's Mr Shanghai〉, 《Far eastern economic review》, 165, 2002.

Haig, R. M., McCrea, R. C., 〈The Clothing and Textile Industries in New York and Its Environs〉, 1925.

Hall, P., 《Cities of Tomorrow: An Intellectual History of Urban Planning and Design in the Twentieth Century 3rd eds》, 2003, Oxford, Blackwell Publishing.

He, S., Wu, F., 〈Property-Led redevelopment in post-reform China: A case study of Xintiandi redevelopment project in Shanghai〉, 《Journal of urban affairs》 27(1), 2005.

Houstoun L. O., 《BIDs: business improvement districts》,2003, Urban Land Institute.

Jackson, J. B., 《Discovering the vernacular landscape》,1984, New Haven, Yale University Press.

Kong, L., 〈Making sustainable creative/cultural space in Shanghai and Singapore〉, 《The geographical review》, 99, 1, 2009.

Marchant, V., Witkowski, T., et al, 〈Bed, Breakfast And Beyond〉, 《TIME magazine》, 18 November 2002.

Nicolson, M. H., 〈Sublime in External Nature〉, 《Dictionary of the History of Ideas》, 1974, New York.

Olsen, J., 《Better Places Better Lives: A Biography of James Rouse》, 2003, Washington D.C., the Urban Land Institute.

Peiser, R., 〈Who plans America? Planners or developers?〉, 《Journal of the American Planning Association》 56(4), 1990.

Tuan, Y. F., 《Space and place: the perspective of experience》, 1991, Minneapolis, University of Minnesota.

Wu, F., 〈Place promotion in Shanghai, PRC〉, 《Cities》17, 5, 2000.

Yang, Y., Chang, C., 〈An Urban Regeneration Regime in China: A Case Study of Urban Redevelopment in Shanghai's Taipingqiao Area〉, 《Urban Studies》 44(9), 2007.

Zheng, J., 〈The "entrepreneurial state" in "Creative industry cluster" development in Shanghai〉, 《urban affairs》 32(2), 2010.

신문 기사 및 웹사이트

《경향신문》, 〈공단 벌집 '복지 사각' 속 슬럼화 위기〉, 1990. 4. 11.

《국민일보》, 〈피맛골, 서민들 손때 묻은 예스런 맛 사라져가고〉, 2009. 12. 8.

《동아일보》, 〈공단 여성 근로자의 '낮과 밤'〉, 1984. 8. 1.

《동아일보》, 〈서울대 도시계획연구소 보고서 서울시도심재개발사업 2001년까지 4단계로〉, 1984. 11. 6.

《매일경제》, 〈변모하는 재벌등기(60) 낙원상가 아파트〉, 1969. 6. 14.

《매일경제》, 〈율곡 대학로문화 예술거리 확충〉, 1987. 2. 3.

《오마이뉴스》, 〈가리봉동에는 6개국어 노래방이 있다〉, 2008. 4. 5. 〈www.ohmynews.com/NWS_Web/view/at_pg.aspx?CNTN_CD=A0000852240〉.

《조선일보》, 〈건물 벽마다 "반대" 구호…… 현장 르포 애환의 피맛골 재개발 갈림길서 '시끌'〉, 2003. 9. 15.

《한국일보》, 〈낙원의 낙심, 음악인들 "추억 꿈 깃든 곳이 사라지다니…"〉, 2009. 1. 30.

《Global Times》, 〈Famed artist to leave Tianzfang〉, 10 Oct 2012, www.globaltimes.cn/NEWS/tabid/99/ID/737539/Famed-artist-to-leave-Tianzifang.aspx, 1 Sep 2013.

《Interior Design》, 〈The raw and the cooked: From red light to limelight, New York's meatpacking district redesigns for fashion〉, 1 April 2003.

《LA Times》,〈James W. Rouse: Developer, Pioneer of Shopping Mall〉, 11 April 1996.

《Shanghai Daily》,〈ShangHai SoHo〉, 29 August 2006.

森稔,《ヒルズ, 挑戰する都市》, 2009, 東京, 朝日新聞出版.

上海百科全書編輯委員會,《上海百科全書》, 2010, 上海, 上海科學技術出版社.

上海市文物管理委員會輯,《上海 工業遺産 新探》, 2009, 上海, 上海交通大學出版社.

www.lemeilleur.co.kr, 2013. 4. 1. 확인.

www.madeinmidtown.org , 2013. 6. 10.확인.

www.creativecity.sh.cn/en, 2013. 4. 1. 확인.

www.money.cnn.com/magazines/moneymag/best-places/2012/top100, 2013. 8. 10. 확인.

www.nyc.gov/html/sbs/html/neighborhood_development/bid_directory.html, 2013. 8. 8. 확인.